Josef Scharrer

Was die Jugend
von der Kirche erwartet

Offene Gemeinde Band 12

Herausgegeben vom Institut der Orden
für missionarische Seelsorge
und Spiritualität, Frankfurt/Main

Was die Jugend von der Kirche erwartet

Konsequenzen aus einer Umfrage

Herausgegeben von
Josef Scharrer

Mit Beiträgen von
Bruno Kalusche
Hans-Heinz Riepe
Josef Scharrer
Wolfdieter Theurer

Lahn-Verlag Limburg

© 1971 Lahn-Verlag Limburg · Umschlaggestaltung: Christoph Albrecht, Schmidham · Gesamtherstellung: Pallottinerdruck, Missionsanstalt der Pallottiner GmbH, Limburg an der Lahn · Abdruck, auch auszugsweise, nur mit Genehmigung des Verlags.
ISBN 3 7840 1012 1

Inhaltsübersicht

Josef Scharrer
Jugendarbeit – Beschäftigung für junge Leute? 7

Bruno Kalusche
Religions-Demoskopie – ihre Aufgabe – ihre Methodik 13

Kirche in der Kommunikationskrise 14
Meinungs- und Motivforschung 16
Die wissenschaftliche Methodik 18

Josef Scharrer
Ergebnisse der Befragung „Jugend und Kirche" 39

   I. Allgemeines Verhalten 39
  II. Das Image der Kirche bei Jugendlichen 54
 III. Wie kirchlich ist die Jugend? 69
 IV. Kirchliche Jugendarbeit 83
  V. Ein Image und seine Konsequenzen 93

Wolfdieter Theurer
Theologische Perspektiven zum Kirchenbild der Jugend . 103

Theologie und Demoskopie in Konkurrenz? 103
Theologie und Demoskopie meinen den konkreten
Menschen 106
Was „Demokratisierung" eigentlich will 109
Von der Identifikationskrise zum Identitätsvollzug . . . 110
Dienst an den Menschen 113
Jugendarbeit ist Gemeindearbeit 114
Konsequenzen für die Praxis 116
Die Freizeit bewältigen 119

Hans-Heinz Riepe
Thesen zur kirchlichen Jugendarbeit heute 122

Josef Scharrer

Jugendarbeit – Beschäftigung für junge Leute?

Vor einigen Jahren schon haben alle im Deutschen Bundesring zusammengeschlossenen Jugendverbände dargestellt, wie sie ihre Arbeit verstehen. Sie wollen den Jugendlichen vor allem Hilfen anbieten, die sie zur Selbstverwirklichung hinführen und in die Gesellschaft einführen sollen.[1]

In letzter Zeit wurde die Diskussion über »offene Jugendarbeit« und Arbeit in den Gruppen der Jugendverbände (Gliederungen) immer heftiger geführt. Mittlerweile sind die Grenzen zwischen »geschlossener« Arbeit in Gruppen und »offener« Jugendarbeit in Clubs und informellen Gruppen fließender geworden. Das Ziel kirchlicher Jugendarbeit ist dabei im wesentlichen für beide Formen das gleiche; die Teilnehmer an offenen Veranstaltungen sollen aber keinerlei Bindungen eingehen müssen. Programme, Anleitungen und Arbeitshilfen wurden von den Verbänden in reicher Auswahl erstellt, — was anscheinend fehlt, ist das Interesse der Jugendlichen selbst.

[1] Leitfaden für Presse- und Öffentlichkeitsarbeit. Hrsg. Deutscher Bundesjugendring, Bonn

In der Öffentlichkeit und in der Kirche ist Jugendarbeit immer noch ein schillernder Begriff. Landläufig versteht man darunter die Gruppenarbeit in der Pfarrei, angefangen bei den Ministranten über die Kinderstufe, Jungen- und Mädchengruppen bis hin zu den »Halbwüchsigen« und jungen Erwachsenen. Für Jugendarbeit scheinen Kapläne schon deshalb prädestiniert zu sein, weil sie eben selbst noch jung sind. Eine spezielle Ausbildung dafür erhalten die jungen Theologen im Seminar nicht. — Kann man dies verantwortungsbewußte Jugendarbeit nennen? Steckt nicht ein oberflächlicher Bewahrungsgedanke dahinter, daß man die Jugendlichen eben beschäftigen muß? Großzügig gesteht man der Jugend natürlich mehr Freiheit zu. So einiges Wohlgeformte und traditionell Geordnete »zieht nicht mehr«. Man hat mittlerweile erkannt, daß man auch Beat und Tanz zulassen muß. — Aber wo bleiben die christlichen Unterscheidungsmerkmale? Es gibt nun mal keinen katholischen Twist und vom billigeren Preis einer Cola im katholischen Pfarrheim hängt auch nicht allein der Zulauf ab.

Wer soll mit dieser fordernden und nervenstrapazierenden Jugend noch zurechtkommen? So gibt es weite Wüsten in vielen Diözesen, wo Jugendarbeit zwar auf dem Papier steht, Mitgliederbestände sorgfältig registriert werden (schon wegen Versicherung und Zuschüssen), in der Praxis aber nichts spürbar wird.

Sicherlich gibt es Charismen unter den Kaplänen und Vikaren. Manche von ihnen reißen Jugendgruppen aus dem Boden und leisten gute Aufbauarbeit. Und plötzlich ist in Sachen »Jugend« etwas los in der Pfarrei! Da die Arbeit jedoch ganz auf die Einzelperson jenes Dynamikers projiziert ist, fällt sie bei der behördlichen Versetzung des agilen Jungpriesters wieder zusammen.

Da und dort ist man dann wild entschlossen und stellt

hauptamtlich einen Jugendpfleger an. Vorher Skepsis, ob dieser Mann auch ausgelastet ist — hinterher Enttäuschung, daß auch er keine Gruppe führen kann. Die Erwartungen an ihn, seine Stellen- und Aufgabenbeschreibung bleiben unklar.

Die mangelnde Beteiligung an aufwendig vorbereiteten Jugendveranstaltungen führt dann zu der schmollenden Feststellung, die Jugend sei zur Zeit nun mal so, und dieser vorübergehende Trend werde sich auch wieder ins Positive kehren. In der Zwischenzeit wartet man in besinnlicher Reflexion über »die Jugend als solche« auf bessere Zeiten.

Oft fehlen für die Jugendarbeit auch die nötigen räumlichen Voraussetzungen. Man trifft sich in kellerähnlichen Räumen ohne Stil, vergammelt und kalt. Nur ordnungsgemäß eingetragene Jugendverbände, die offiziell dem BDKJ angeschlossen sind, haben freien Zugang zum Pfarrheim. »Häuser der offenen Tür« bringen für die Kirche zu viel Ärger (wenige Modelle ausgeschlossen). Wer sollte sich auch darum kümmern?

Finanzielle Mittel stehen der Jugendarbeit auf der untersten Basis nur spärlich zur Verfügung. Wenn die Jugend Geld braucht, soll sie dies durch Aktionen selbst verdienen! Lumpen — Altpapier — Botengänge usw. gibt es immer, um damit einige Mark verdienen zu können!

Wer schon Konferenzen von ehrenamtlichen Jugendleitern auf Dekanats- oder Stadtebene erlebt hat und einerseits den drängenden Idealismus spürt, andererseits aber erfahren muß, wie einsam und verlassen, bar jeder geistigen und materiellen Hilfe Aktionen geplant und durchgeführt werden müssen, der kann lautererweise dies alles nur als Zumutung empfinden. So kann und darf keine Jugendarbeit aussehen!

Dazwischen kommen streckenweise lebhafte Diskussionen zwischen Geistlichen und Jugendleitern über Sinn und Ziel der Jugendarbeit auf. Man stellt dann meist mangelnde Information auf beiden Seiten fest — und alles bleibt beim alten.

Die Diözesanleitungen mühen sich um Ausbildung von Führungskräften. Wegen zu sporadischer Beteiligung wird Aufbauarbeit nur schwer möglich. Die Gliedgemeinschaften schließlich hantieren wie weiland Interessenverbände. Nur der Druck von außen wird sie zu hoffentlich echter Kooperation zusammenführen.

Diese Situationsbeschreibung ist aus punktuellen Erlebnisberichten emotional gefärbt. Natürlich gibt es auch noch lebendige Gruppen, aber in der Öffentlichkeit und von der pastoralen Konzeptlosigkeit her gesehen, scheint die Jugendarbeit in einer tödlichen Krise zu stecken.

Hier kann nur methodisch und wissenschaftlich genau analysiert werden, um den Standort zu finden, von dem neue Impulse ausgehen müssen.

Nur sachgerechte Arbeit mit klarer Zielsetzung, getragen von entsprechenden Führungskräften in Kooperation mit den Gliederungen kann in überschaubaren Modellen neue systematisierte Ansätze finden.

Kirchliche Jugendarbeit ist mit Hilfe pastoraler Öffentlichkeitsarbeit sicher neu zu aktivieren, vorausgesetzt, daß unter Öffentlichkeitsarbeit etwas mehr verstanden wird als Presse- und Informationstechnik.

Der pastoralen Öffentlichkeitsarbeit geht es um das ehrliche Bemühen, *Vertrauen und Verständnis* für die Jugend innerhalb und außerhalb der Kirche zu schaffen, — auf der Grundlage wissenschaftlicher Forschung.

Dieser Band soll ein erster Schritt dazu sein. Er bringt eine Situationsanalyse auf Grund religions-demoskopischer Untersuchungen aus dem Forschungsvolumen 1970 des Instituts für Kommunikationsforschung (IFK).

Im wesentlichen beruhen die Ergebnisse auf einer Repräsentativbefragung von Jugendlichen in der Erzdiözese Paderborn. Daneben wird eigens vermerkt, wenn Vergleichswerte aus anderen Analysen mit herangezogen werden, so z. B. Untersuchungsergebnisse aus den Diözesen Fulda und Passau und aus der Erzdiözese München-Freising.

Die Zeit der allgemeingültigen Rezepte ist abgelaufen. Deshalb können erste Konsequenzen für die Jugendarbeit nur thesenartig angedeutet werden. Künftige Modelle auf Grund der hier gegebenen Situationsanalyse werden zu einem späteren Zeitpunkt eine Erfolgskontrolle nachweisen müssen.

Bruno Kalusche   Religions-Demoskopie —
ihre Aufgabe —
ihre Methodik

Eric Hoffer leitet seine in »The Ordeal of Change« veröffentlichten Gedanken zur Soziologie moderner Gesellschaftsstrukturen — inzwischen auch in deutscher Übersetzung unter dem Titel »Die Angst vor dem Neuen« erschienen — mit der Feststellung ein:
»Ich habe den Eindruck, niemand mag das Neue wirklich gern. Wir haben Angst davor. Nicht nur, daß die Menschen, wie schon Dostojewski feststellte, nichts mehr fürchten, als einen neuen Schritt zu tun, ein neues Wort auszusprechen. Selbst bei unwichtigen Anlässen vollzieht sich das Erlebnis des Neuen selten, ohne gewisse Befürchtungen heraufzubeschwören.«
Religions-Demoskopie — das ist ein neues Wort und ein neuer Schritt. Diese einführende Information über Aufgaben und Methodik einer noch jungen wissenschaftlichen Disziplin dient dem Bemühen, Vorurteile abzubauen. In emanzipierenden Gesellschaftsordnungen entstehen wissenschaftliche Dienstleistungs-Disziplinen nicht von ungefähr, sondern sie gewinnen ihre Effektivität im Rahmen sich verändernder gesellschaftlicher Konstellationen, die neue Aufgaben stellen.

Unsere Zeit ist gekennzeichnet von einem sich ständig beschleunigenden sozio-ökonomischen Umschichtungsprozeß aller Strukturen, Verhaltensnormen und Kommunikationsfelder.
Zugleich erleben wir einen in seinen Wechselwirkungen noch weitgehend unerforschten Triumph der modernen Massenkommunikationsmittel — aber auch eine sich ständig verschärfende Kommunikationskrise, die in allen zwischenmenschlichen Bereichen um sich greift.
Der einzelne Mensch, eingebunden in diesen Prozeß und ausgeliefert äußeren Zwängen und Schüben, deren Ursachen und Wirkungen ihm in hohem Maße unverständlich bleiben, sucht nach situationsspezifischen Orientierungsnormen, denn überlieferte, anerzogene und eingeübte Vorstellungs- und Verhaltensschablonen verlieren immer schneller ihren Gebrauchswert.
Historische Normsetzer wie Elternhaus, Schule, Staat und Kirche haben ihre Glaubwürdigkeit und ihre Leitbildfunktionen abgenutzt und ihre vorgefertigten Antworten auf Lebensfragen haben keine Paßform mehr, die zur Bewältigung der Gegenwartsprobleme ausreicht.
Der Abbau der ehemals durch Innenlenkung bestimmten, überkommenen Ordnungssysteme ist in vollem Gange. Die Gesellschaft liefert sich zunehmender Desintegration und neuen Außenlenkungseinflüssen aus, unter denen die Massenmedien und auf ihrem Resonanzboden die ausgefeilten Mittel und Methoden der Konsumwerbung einen bevorzugten Rang erobert haben.

Kirche in der Kommunikationskrise

In dieser Situation ist auch die gesellschaftliche Institution Kirche — nicht ohne eigenes Verschulden — in eine deutliche Vertrauens- und Kommunikationskrise geraten.

Gleich anderen traditionsbeladenen Institutionen hat sie den gesellschaftlichen Entwicklungsprozeß nur zögernd und damit zu spät zur Kenntnis genommen und es versäumt, den ihr anvertrauten Menschen rechtzeitig sachliche, verständliche und überprüfbare Informationen und Orientierungshilfen zu vermitteln, die es ihnen ermöglicht hätten, die Übersicht zu bewahren und situationsgerecht zu handeln.

Will sie dieses Versäumnis aufholen, muß sie in Erfahrung bringen, in welchem Ausmaß und wodurch ihr Kommunikationsverhältnis zu Menschen und Gruppen gestört ist und welche Ansatzpunkte sich für die Rückgewinnung verlorengegangenen Vertrauens anbieten.

Kirche, von ihrem Selbstverständnis her beauftragt, das Evangelium durch Wort und Tat allen Menschen zu verkündigen, bedarf der Kommunikationsanalyse, um die Adressaten ihrer Botschaft inmitten des aufgezeigten Veränderungsprozesses effektiver zu erreichen und abgerissene Kontakte neu knüpfen zu können.

Die wichtigsten Informanten für die Kirche im notwendigen Stadium der Situations- und Kommunikationsanalyse sind die sogenannten Laien — sie melden, wo Welt ist, welche Notstände in ihr aufbrechen und auf welchen Wegen die Botschaft zu den Menschen gelangen kann.

Bleibt die Frage, mit welchen Mitteln und Methoden möglichst objektive Informationen von diesen Laien eingeholt werden könnten, denn im Zuge der sich verschärfenden Kommunikationskrise haben die Menschen sich darin geübt, ihre ehrliche Meinung zu verbergen und sich gegenüber der Umwelt dadurch abzusichern, daß sie konformistische Aussagen machen.

Im Wissen um diesen Sachverhalt bedienen sich gesellschaftliche Gruppen und Institutionen, die zur Durchsetzung ihrer Aufgaben und Ziele auf Informationen über die öffentlichen Meinungen, Vorstellungen und Vorbehalte angewiesen sind, der methodischen

Meinungs- und Motivforschung

als Grundlage für systematisches Bemühen um die Verbesserung ihrer Kommunikation.
Im kirchlichen Verantwortungsbereich dagegen ist die Diskussion über Mittel und Methoden der Situationsanalyse gerade erst ausgebrochen.
Da meldet sich der Pfarrer zu Wort, der darauf verweisen kann, daß er schon viele Jahre in seiner Gemeinde lebt und deshalb der Meinung ist, er wisse am besten, wie die Menschen über ihn, seine Arbeit im allgemeinen und die Kirche im besonderen denken, und es deshalb entrüstet ablehnt, Geld für Meinungsforschung auszugeben, statt sein neues Kirchenbauprojekt zu verwirklichen.
Wenn er doch erkennen wollte, daß die Menschen in seiner Pfarrgemeinde sich hinreichend darin geübt haben, dem Herrn Pfarrer zu sagen, was er gern hören möchte.

Da meldet sich der »überzeugte Christ« und findet, es sei nicht Aufgabe der Kirche, sich nach den öffentlichen Meinungen, den Meinungen der Welt da draußen zu richten. Welch ein Mißverständnis! Meinungsforschung dient der Aufdeckung von Mißverständnissen und Fehlverhaltensweisen, die sich im Umgang mit der Umwelt eingeschlichen haben und ausgeräumt werden müssen, wenn die eigenen Aufgaben und Ziele erreicht werden sollen.

Da gibt es ungezählte Spontaninitiativen. Bundesweit werden Fragebögen an alle Katholiken verschickt mit der Bitte, sie auszufüllen. Aber diese Fragebögen lassen keine differenzierten Antworten zu und nur der Rücklauf kann ausgewertet werden — die Meinungen der schweigenden, ablehnenden, kritischen oder einfach überforderten Mehrheit bleiben unbekannt.

Pfarrer und Pfarrgemeinderäte starten lokale Befragungsaktionen, befragen Kirchgänger, lassen Mitarbeiter Fragebögen in die Haushaltungen bringen — aber die Mittel und Methoden dieser Aktionen sind so falsch und dilettantisch, daß die Ergebnisse solcher Stegreifbefragungen nur zusätzliche Verwirrung stiften und verfälschte Untersuchungsergebnisse falsche Konsequenzen nach sich ziehen.

Weithin fehlt es eben noch an Erfahrung und der Einsicht, daß

religions-demoskopische Analysen

einer komplizierten, differenzierten und durch Erfahrungen ausgefeilten Methodik bedürfen und die möglichen Fehlerquellen auf dem Wege zur Erforschung öffentlicher Meinungen und Motivationen im religiösen Beziehungsfeld zwischen dem einzelnen Menschen und der Kirche so vielfältig sind, daß sie nur von Experten erkannt, unter Kontrolle gebracht und ausgeschaltet werden können.

Die religions-demoskopische Forschungsgruppe des Instituts für Kommunikationsforschung hat seit 1966 in sorgfältig aufeinander abgestimmten Forschungsschritten durch über 60 Primärerhebungen in Pfarrgemeinden, Dekanaten und Diözesen der BRD, parallel dazu aber auch in Strukturbereichen evangelischer Landeskirchen, Kirchenkreise und Kirchengemeinden, die Grundlagenforschung zur Situations- und Kommunikationsanalyse der Institution Kirche methodisch entwickelt.

Im Teamwork von Theologen, Demoskopen, Soziologen, Kommunikationswissenschaftlern und Psychologen zielt

diese wissenschaftliche Arbeit darauf ab, den Verantwortlichen Informationen und Entscheidungshilfen zur Aktivierung kirchlicher Kommunikationswege und Dienste anzudienen.
Im Wissen um die im religionsspezifischen Kommunikationsbereich differenzierten empirischen Struktur- und Korrelationskriterien werden dabei alle Befragungsschritte trotz der damit verbundenen hohen Kosten nur von für diese Forschungsaufgabe besonders geschulten Interviewern durchgeführt, die repräsentativ vorgegebene Befragungseinheiten in Einzelinterviews innerhalb des privaten Wohnbereichs »unter vier Augen« befragen.

Die wissenschaftliche Methodik

wird dadurch, daß nur das Institut als neutraler Befragungspartner in Erscheinung tritt und die Anonymität der befragten Person voll abgesichert ist, bei jedem einzelnen Forschungsschritt sorgfältig gewahrt.
Besonders entwickelte Karten- und Farbtest-Verfahren ermöglichen die Kontrolle der einzelnen Meinungsprotokolle.
Daß diese im Rahmen von über 60 Forschungsschritten entwickelte Methodik religions-demoskopischer Meinungs- und Motivforschung inzwischen zuverlässige Ergebnisse ausweist, ergibt sich aus der Tatsache, daß die durch Einzelinterviews abgefragten Intensitäten, z. B. der Teilnahme am gottesdienstlichen Leben, in den analysierten Strukturen nur mit ± 1,1 bis 1,3 % von den durch statistische Besucherzählungen bei Gottesdiensten ermittelten Werten abweichen.

Die in dieser Studie veröffentlichten Ergebnisse

unserer religions-demoskopischen Forschungsarbeit sollen eine Informations- und Orientierungshilfe für Verantwortliche und Mitarbeiter der kirchlichen Jugendarbeit sein.

Zur Aufhellung der Gesamtsituation veröffentlichen wir darum in der Studie Untersuchungsergebnisse aus der Befragung vollrepräsentativer Bevölkerungsquerschnitte der Bundesrepublik, basierend auf jeweils 2000 bis 2200 Einzelinterviews bei durch Quotaauswahl vorausbestimmten Personen katholischer oder evangelischer Konfession.

Wo besonders erforderlich, werden dabei auf einzelnen Grafiken auch die Zielgruppenauswertungen nach Kerngemeinde und Fernstehenden entsprechend der Intensität des Gottesdienstbesuches ausgewiesen.

Alle auf den Grafiken dargestellten Befragungsergebnisse resultieren aus Einzelinterviews, die in der Zeit vom 5. 1. bis 25. 12. 1970 durchgeführt wurden.

Die dann in der Studie weiterhin veröffentlichten und interpretierten

Umfrageergebnisse der Sonderbefragung Jugendlicher

beruhen auf der Befragung von 1200 durch repräsentative Quotaauswahl vorausbestimmten Personen im Alter von 16 bis 24 Jahren aus dem Strukturbereich der Erzdiözese Paderborn. Diese Einzelinterviews wurden im Sommer 1970 durchgeführt.

Durch den angebotenen Vergleich zwischen Untersuchungsergebnissen aus vollrepräsentativen Befragungen und den Zielgruppenergebnissen aus der Befragung Jugendlicher soll dem Leser Gelegenheit gegeben werden,

die allgemeinen Meinungstrends relativieren und die jugendspezifischen Erwartungen, Vorbehalte und Meinungen genauer markieren zu können.
Da die Grafiken aus Gründen der Übersichtlichkeit nicht den genauen und ausführlichen Text der einzelnen Fragestellungen wiedergeben, folgt hier zunächst eine erläuternde Übersicht über die einzelnen Anfragen:

Grafik 1 (S. 25)
Welches persönliche Verhältnis haben die Menschen zur Kirchengemeinde?

Die Frage lautete:
»Würden Sie sagen, daß Sie persönlich ein gutes Verhältnis zu Ihrer Pfarr- (Kirchen-) Gemeinde haben oder eher ein neutrales oder enttäuschtes?«

Grafik 2 (S. 26)
Kontakt zu den Nachbarn

Die Frage lautete:
»Welches Kontaktverhältnis zu ihren Nachbarn haben nach Ihrer Meinung die hier wohnenden Menschen?«

Grafik 3 (S. 27)
Es interessieren sich für Nachbarschafts-Aussprache-abende in Privatwohnungen auf Einladung der Kirchengemeinde

Die Frage lautete:
»Wären Sie daran interessiert, gelegentlich einmal auf Einladung der Pfarr- (Kirchen-) Gemeinde an einem Aussprachabend im kleinen Kreis in einer Privatwohnung teilzunehmen?«

Grafik 4 (S. 28)
Aufgaben von der Kirche schlecht erfüllt?

Die Frage lautete:
»Wie erfüllt nach Ihrer Meinung die Kirche ihre Aufgaben in der heutigen Zeit?«

Grafik 5 (S. 29)
Häufigste Enttäuschungsgründe im persönlichen Verhältnis zur Kirchengemeinde

Die Frage lautete:
»Worin sehen Sie persönlich die wesentlichen Gründe für Ihre Enttäuschungen oder Ihr neutrales Verhältnis zur Kirchengemeinde?« (Nachfrage zur Vorfrage Grafik 1)

Grafik 6 (S. 30)
Vordringliche Dienste der Kirche

Die Frage lautete:
»Welche Dienste der Pfarrgemeinde bedürfen nach Ihrer Meinung vordringlich der Verbesserung?« — Mehrfach-Nennungen!

Bereitschaft zur Mitarbeit

Die Frage lautete:
»Wären Sie grundsätzlich bereit, an einigen Stunden Ihrer Freizeit in einem solchen Dienst nach Ihrer freien Wahl mitzuwirken?«

Grafik 7 (S. 31)
Sind Einrichtungen der Caritas oder Diakonie der Bevölkerung in Großstädten bekannt?

Die Frage lautete:
»Sind hier in der Stadt Einrichtungen der Caritas (Diakonie) bekannt?«
Befragt wurden nur Bewohner von Großstädten, in denen Einrichtungen der Caritas und Diakonie arbeiten.

Grafik 8 (S. 32)
Welche Bildungsangebote werden vor allem von der Kirchengemeinde erwartet?

Die Frage lautete:
»Welche Veranstaltungen sollen von der Pfarr- (Kirchen-) Gemeinde nach Ihrer Meinung vor allem angeboten werden?« — Mehrfach-Nennungen! Kartentest!

Grafik 9 (S. 33)
Wofür soll das Geld der Kirche ausgegeben werden?

Die Frage lautete:

»Hier haben Sie DM 100,— in zehn Geldscheinen zu je DM 10,—. Bitte verteilen Sie dieses Geld so auf die folgenden Aufgaben, wie Sie es verwendet sehen möchten!« Kartenspiel!

Grafik 10 (S. 34)

Bekanntheitsgrad des Pfarrers

Die Frage lautete:

»Können Sie mir zufällig den Namen des hier für Sie zuständigen Pfarrers nennen?«
Der einzelne Interviewer hatte eine Kontroll-Liste mit dem Namen des jeweils zuständigen Pfarrers und den Namen seiner Amtsvorgänger und stufte die Antwort des Befragten im Protokoll entsprechend ein.

Grafik 11 (S. 35)

Die wichtigsten Dienste des Pfarrers

Die Frage lautete:

»Welche Dienste des Pfarrers sind nach Ihrer Meinung heutzutage die wichtigsten?« — Mehrfach-Nennungen!

Grafik 12 (S. 36)

Sind das Predigtthemen für den Pfarrer?

Die Frage lautete:

»Steht es nach Ihrer Meinung dem Pfarrer zu, in seiner Predigt etwas zu sagen über ...« — Mehrfach-Nennungen! Die Themen wurden einzeln abgefragt!

Grafik 13 (S. 37)

Interesse an Kommunikations-Angeboten vor und nach dem Gottesdienst

Die Frage lautete:
»Wären Sie an dem einen oder anderen der folgenden Angebote interessiert?«

Grafik 14 (S. 38)

Für die Gemeinsamkeit mit der katholischen Kirche in den folgenden Diensten sind . . .

Die Frage lautete:
»Wären Sie persönlich für oder gegen eine Gemeinsamkeit der evangelischen und der katholischen Kirche in den folgenden Diensten?« Mehrfach-Nennungen!

Die Alternativen wurden einzeln abgefragt.

Die Ergebnisse beziehen sich nur auf die Befragung eines Bevölkerungsquerschnitts evangelischer Konfession und wollen Vergleichswerte für die im zweiten Teil der Studie ausgewiesenen Ergebnisse zur gleichen Frage an Jugendliche katholischer Konfession anbieten.

Kirche im Spiegel der Meinungen

Welches persönliche Verhältnis haben die Menschen zur Kirchengemeinde?

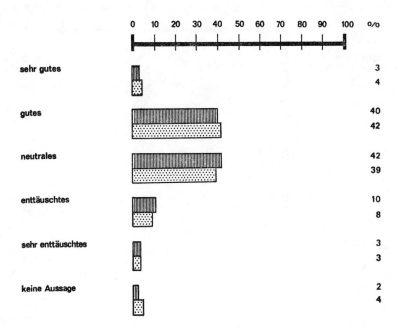

	%
sehr gutes	3 / 4
gutes	40 / 42
neutrales	42 / 39
enttäuschtes	10 / 8
sehr enttäuschtes	3 / 3
keine Aussage	2 / 4

IFK
Institut für Kommunikationsforschung

Prozent der evangelischen Befragten
Prozent der katholischen Befragten

Kirche im Spiegel der Meinungen

Kontakt zu den Nachbarn

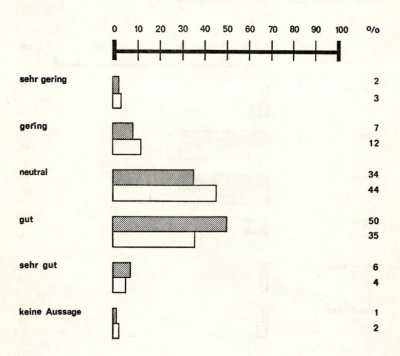

	%
sehr gering	2
	3
gering	7
	12
neutral	34
	44
gut	50
	35
sehr gut	6
	4
keine Aussage	1
	2

Kerngemeinde = Personen, die regelmässig den Gottesdienst besuchen

Fernstehende = Personen, die selten oder nie den Gottesdienst besuchen

IFK
Institut für Kommunikationsforschung

Kirche im Spiegel der Meinungen

Es interessieren sich für Nachbarschafts-Aussprachabende in Privatwohnungen auf Einladung der Kirchengemeinde

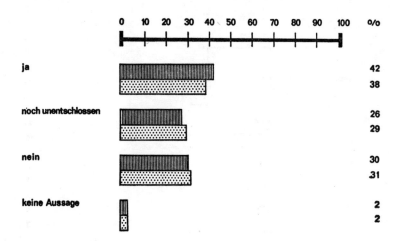

	%
ja	42 / 38
noch unentschlossen	26 / 29
nein	30 / 31
keine Aussage	2 / 2

IFK
Institut für Kommunikationsforschung

Prozent der evangelischen Befragten
Prozent der katholischen Befragten

Kirche im Spiegel der Meinungen

Aufgaben von der Kirche schlecht erfüllt?

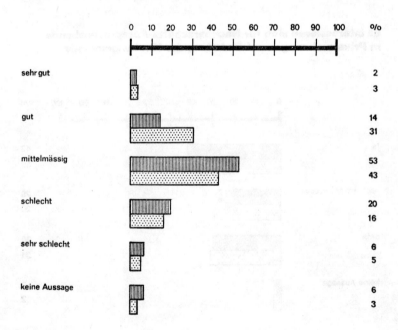

	%
sehr gut	2
	3
gut	14
	31
mittelmässig	53
	43
schlecht	20
	16
sehr schlecht	6
	5
keine Aussage	6
	3

IFK
Institut für Kommunikationsforschung

Prozent der evangelischen Befragten
Prozent der katholischen Befragten

Kirche im Spiegel der Meinungen

Häufigste Enttäuschungsgründe im persönlichen Verhältnis zur Kirchengemeinde

	%
Es wird zuviel geredet und zuwenig getan	43 / 41
Verwendung der finanziellen Mittel	21 / 18
Als selbst Hilfe gebraucht wurde, half man nicht	12 / 9
Verhalten des Pfarrers	8 / 11
Verhalten von Presbytern (Pfarrgemeinderäten)	6 / 7
Verhalten anderer Gemeindemitglieder	5 / 6
Andere Enttäuschungsgründe, die Befragte nicht nennen wollten	5 / 8

IFK
Institut für Kommunikationsforschung

Prozent der evangelischen Befragten
Prozent der katholischen Befragten

Kirche im Spiegel der Meinungen

Vordringliche Dienste der Kirche

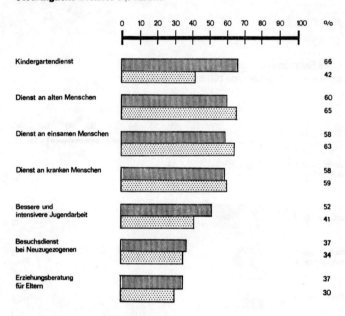

	% evangelisch	% katholisch
Kindergartendienst	66	42
Dienst an alten Menschen	60	65
Dienst an einsamen Menschen	58	63
Dienst an kranken Menschen	58	59
Bessere und intensivere Jugendarbeit	52	41
Besuchsdienst bei Neuzugezogenen	37	34
Erziehungsberatung für Eltern	37	30

Bereitschaft zur Mitarbeit

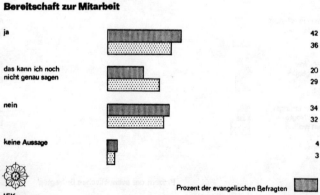

	% evangelisch	% katholisch
ja	42	36
das kann ich noch nicht genau sagen	20	29
nein	34	32
keine Aussage	4	3

IFK
Institut für Kommunikationsforschung

Prozent der evangelischen Befragten
Prozent der katholischen Befragten

Kirche im Spiegel der Meinungen

Sind Einrichtungen der Caritas oder Diakonie der Bevölkerung in Großstädten bekannt?

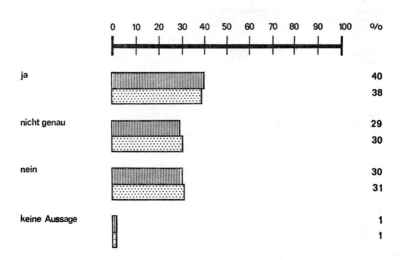

	%
ja	40 / 38
nicht genau	29 / 30
nein	30 / 31
keine Aussage	1 / 1

IFK
Institut für Kommunikationsforschung

Prozent der evangelischen Befragten
Prozent der katholischen Befragten

Kirche im Spiegel der Meinungen

Welche Bildungsangebote werden vor allem von der Kirchengemeinde erwartet?

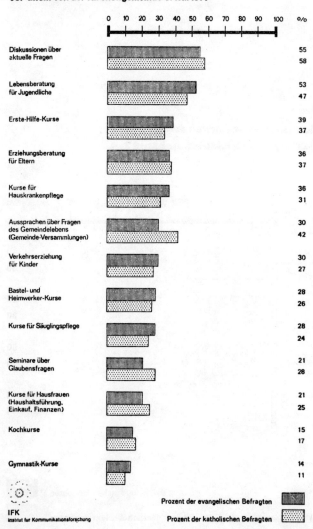

Bildungsangebot	evangelisch	katholisch
Diskussionen über aktuelle Fragen	55	58
Lebensberatung für Jugendliche	53	47
Erste-Hilfe-Kurse	39	37
Erziehungsberatung für Eltern	36	37
Kurse für Hauskrankenpflege	36	31
Aussprachen über Fragen des Gemeindelebens (Gemeinde-Versammlungen)	30	42
Verkehrserziehung für Kinder	30	27
Bastel- und Heimwerker-Kurse	28	26
Kurse für Säuglingspflege	28	24
Seminare über Glaubensfragen	21	28
Kurse für Hausfrauen (Haushaltsführung, Einkauf, Finanzen)	21	25
Kochkurse	15	17
Gymnastik-Kurse	14	11

Prozent der evangelischen Befragten
Prozent der katholischen Befragten

IFK Institut für Kommunikationsforschung

Kirche im Spiegel der Meinungen

Wofür sollte das Geld der Kirche vordringlich verwendet werden?

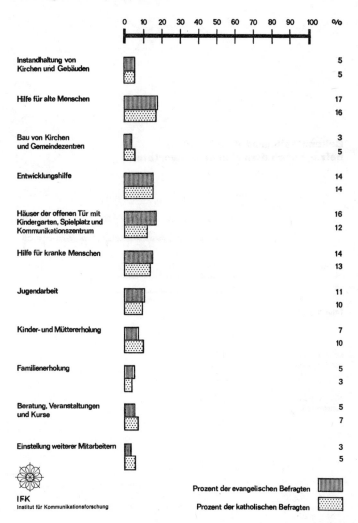

	evangelisch	katholisch
Instandhaltung von Kirchen und Gebäuden	5	5
Hilfe für alte Menschen	17	16
Bau von Kirchen und Gemeindezentren	3	5
Entwicklungshilfe	14	14
Häuser der offenen Tür mit Kindergarten, Spielplatz und Kommunikationszentrum	16	12
Hilfe für kranke Menschen	14	13
Jugendarbeit	11	10
Kinder- und Müttererholung	7	10
Familienerholung	5	3
Beratung, Veranstaltungen und Kurse	5	7
Einstellung weiterer Mitarbeitern	3	5

IFK
Institut für Kommunikationsforschung

Prozent der evangelischen Befragten
Prozent der katholischen Befragten

Kirche im Spiegel der Meinungen

**Bekanntheitsgrad des Pfarrers;
befragt nach dem Namen antworteten**

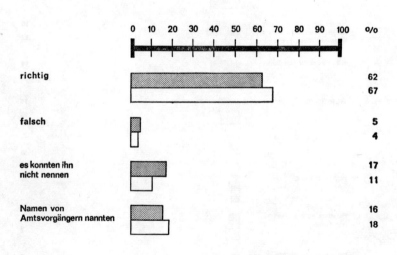

Kirche im Spiegel der Meinungen

Die wichtigsten Dienste des Pfarrers

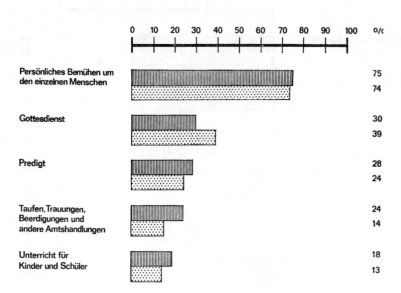

	Prozent der evangelischen Befragten	Prozent der katholischen Befragten
Persönliches Bemühen um den einzelnen Menschen	75	74
Gottesdienst	30	39
Predigt	28	24
Taufen, Trauungen, Beerdigungen und andere Amtshandlungen	24	14
Unterricht für Kinder und Schüler	18	13

IFK
Institut für Kommunikationsforschung

Sind das Predigtthemen für den Pfarrer?

Thema	evangelisch	katholisch
Soziale Tagesfragen	64	66
Studentenunruhen	51	44
Vietnamkrieg	51	49
Problem Oder-Neisse-Linie	33	27
Politische Tagesfragen	42	39
Empfängnisverhütung	37	40

IFK
Institut für Kommunikationsforschung

Prozent der evangelischen Befragten
Prozent der katholischen Befragten

Kirche im Spiegel der Meinungen

Interesse an Kommunikations-Angeboten vor und nach dem Gottesdienst

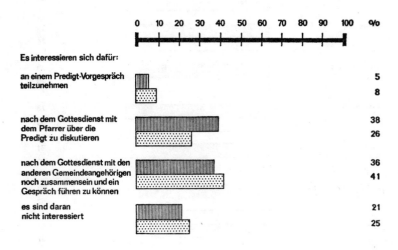

	0 10 20 30 40 50 60 70 80 90 100 %
Es interessieren sich dafür:	
an einem Predigt-Vorgespräch teilzunehmen	5 / 8
nach dem Gottesdienst mit dem Pfarrer über die Predigt zu diskutieren	38 / 26
nach dem Gottesdienst mit den anderen Gemeindeangehörigen noch zusammensein und ein Gespräch führen zu können	36 / 41
es sind daran nicht interessiert	21 / 25

IFK
Institut für Kommunikationsforschung

Prozent der evangelischen Befragten
Prozent der katholischen Befragten

Kirche im Spiegel der Meinungen

Für die Gemeinsamkeit mit der katholischen Kirche in den folgenden Diensten sind

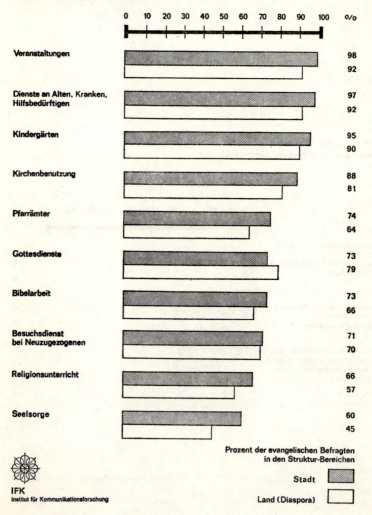

Dienst	Stadt	Land (Diaspora)
Veranstaltungen	98	92
Dienste an Alten, Kranken, Hilfsbedürftigen	97	92
Kindergärten	95	90
Kirchenbenutzung	88	81
Pfarrämter	74	64
Gottesdienste	73	79
Bibelarbeit	73	66
Besuchsdienst bei Neuzugezogenen	71	70
Religionsunterricht	66	57
Seelsorge	60	45

Prozent der evangelischen Befragten in den Struktur-Bereichen

IFK
Institut für Kommunikationsforschung

Josef Scharrer Ergebnisse der Befragung
»Jugend und Kirche«

I. Allgemeines Verhalten

1. Freizeitverhalten am Wochenende

Es gibt viele Möglichkeiten, mit der freien Zeit etwas anzufangen. Die zahlreichen Angebote zur Freizeitgestaltung schwappen fast über. Man braucht kaum mehr das Haus zu verlassen, wenn man Unterhaltung sucht. Das Fernsehgerät liefert sie frei Haus, ebenso sind Radiogerät, Schallplatten, Zeitschriften, Lesezirkel, Bücher Gebrauchsgüter geworden. Bleibt der Jugendliche auch in der Freizeit anonymer Mensch, der nur in seinen Konsumwünschen von der Erwachsenenwelt ernst genommen wird?
Wie ist das Freizeitverhalten Jugendlicher am Wochenende? Die Analyse zeigt, daß ein sehr differenziertes Freizeitverhalten in der jungen Generation vorzufinden ist.
An erster Stelle wird bei männlichen und weiblichen Befragten »tanzen gehen« votiert, »schlafen, ausruhen« wird ebenfalls (an dritter Position) gleichlautend genannt.

Unterschiedlich wird jedoch angegeben »mit anderen sprechen, diskutieren, sich unterhalten« und »Bücher lesen«.

Während schließlich die Jungen lieber mit dem Auto oder Motorrad spazierenfahren, ziehen es die Mädchen vor, spazierenzugehen.

Vergleicht man das Freizeitverhalten der Jugendlichen nach Altersgruppen, so treten merkliche Unterschiede hervor. Tanzen will man insbesondere zwischen 16 und 21 Jahren. Die 22jährigen wollen lieber mit anderen sprechen, und die 23- bis 24jährigen schlafen und ausruhen. Die 16- bis 19jährigen bevorzugen Schallplatten hören und musizieren. Fernsehen wird bei den 20jährigen relativ häufig genannt, die 23- bis 24jährigen greifen gerne am Wochenende zur Zeitung.

Die gemeinsamen Interessen in allen Altersgruppen und bei beiden Geschlechtern sind:

Tanz
Mit anderen sprechen, diskutieren
Bücher lesen
Schlafen, ausruhen

(vgl. Tabelle 1)

TABELLE 1

Freizeitverhalten Jugendlicher am Wochenende:

GE = Gesamtergebnis
m = männliche Befragte
w = weibliche Befragte

Was machen Sie am liebsten an Ihrem freien Wochenende und in Ihrer Freizeit?

(Beliebige Anzahl der Voten)	GE %	m %	w %
Spazierengehen	37.4	31.4	43.6
Spazierenfahren m. Auto, Motorrad	36.3	41.9	30.5
Mit anderen sprechen, diskutieren, sich unterhalten	52.1	53.8	50.3
Sport treiben	34.1	40.1	27.7
Besuche machen	28.7	24.2	33.3
Besuch bekommen	28.1	23.1	33.3
Radio hören	32.1	29.6	34.7
Fernsehen	39.4	40.8	38.0
Ins Kino gehen	30.9	31.8	29.8
Tanzen gehen	59.4	58.3	60.6
Theater oder Konzerte besuchen	32.3	28.3	36.6
Vorträge besuchen	14.9	18.6	11.0
Abendkurse, Berufsfortbildung	15.1	17.5	12.6
Museen, Ausstellungen besuchen	11.1	12.1	10.0
Zeitung lesen	36.2	41.5	30.8
Illustrierte lesen	23.0	19.3	26.8
Bücher lesen	51.5	46.6	56.6
Zeichnen, malen, basteln, werken	19.4	17.9	21.0
Musizieren, Schallplatten hören	42.7	40.6	45.0
Schlafen, ausruhen	52.2	50.7	53.8
Keine Aussage	0.7	0.9	0.5

In diesem Freizeitverhalten deutet sich bereits an, was später als Schwerpunkt kirchlicher Jugendarbeit von den Befragten gesehen wird.

Das Freizeitverhalten zu Hause und außer Haus ist in der jungen Generation sehr unterschiedlich und je nach Zugehörigkeit zu Gruppen und Altersstufen mitgeprägt. Es sind wichtige Kriterien, daß Geselligkeit gesucht wird, daß der Jugendliche aus seiner Isolation heraus will, Gleichgesinnte sucht. Abseits von Schule und Beruf möchte er Gesprächspartner finden, um nicht mehr anonymer Mensch zu sein, sondern über die vielen Fragen, die für ihn offen sind, zu diskutieren. Für die praktische Jugendarbeit entsteht somit die Frage, ob es Möglichkeiten gibt, der Jugend freien Raum zur Gestaltung zu bieten, *Treffpunkte* zu schaffen.

Für viele Erwachsene taugt die Jugend nicht allzuviel. Sie ist in ihren Augen oberflächlich, ungezogen und denkt nur an Vergnügen und Geldverdienen. Aber solche Klischees helfen nicht weiter. Die junge Generation ist sicher Abbild unserer Zeit und Umwelt, aber sie besteht aus *einzelnen* Jungen und Mädchen. Dies wird leicht vergessen, wenn man über »die Jugend von heute« spricht.

Eine Repräsentativbefragung des IFK in Passau zeigt die Notwendigkeit der Einübung toleranten Verhaltens. Die Erwachsenen votierten, befragt über Gründe, weshalb Eltern und Kinder, Jugendliche und Erwachsene sich so schwer verstehen:

1. Es geht den Jugendlichen zu gut   36 %
2. Jugendliche haben zu wenig Pflichtgefühl   28 %

Die Jugendlichen wiederum äußerten zum gleichen Problem:

1. Erwachsene sind zu wenig tolerant   25 %
2. Erwachsene denken nur ans Geldverdienen   17 %

Im Gesamtergebnis wird von allen Zielgruppen geäußert:

»Die Eltern nehmen sich zu wenig Zeit für ihre Kinder« (62 %).

Hier ist sehr massiv ein Kommunikationsproblem angesprochen. Der offene Dialog zwischen »Jung« und »Alt« ist in diese Krise geraten. Verschiedene Verständniswelten liegen den Lebenshaltungen in den Generationen zugrunde. *Neues Vertrauen zueinander muß gewonnen werden.* Die Freizeitwelt kann dafür eine Basis sein.

2. Zugehörigkeit und Interesse an Gruppen

Wenn man die Zahlen miteinander vergleicht, die frühere und heutige Zugehörigkeit Jugendlicher zu Gruppen darstellen, wird deutlich sichtbar, daß eine Abwanderung aus der kirchlichen Jugendarbeit stattfand, wie die Praxis dies ja hinreichend bestätigt.
Jugendliche regelmäßige Kirchgänger (= KG) waren sowohl männlicherseits wie weiblicherseits früher in erster Linie Mitglied einer kirchlichen Jugendgruppe. Heute tendieren beide zum Sportverein.
Bei den nicht regelmäßigen Kirchgängern (= FS) aus dem Befragungsraum waren die Jungen ebenfalls meist in kirchlichen Gruppen. Die Mädchen gehörten insbesondere Sportgruppen an. Heute weisen Jungen und Mädchen ihre Mitgliedschaft im Sportverein und in der Gewerkschaft aus.

(Vgl. Tabelle 2)

TABELLE 2

Gruppenzugehörigkeit Jugendlicher früher und jetzt:

KG = »Kerngemeinde«
— regelmäßige Kirchgänger
FS = »Fernstehende«
— nicht regelmäßige Kirchgänger

Waren Sie früher einmal oder sind Sie zur Zeit Mitglied einer der folgenden Gruppen:

	KG		FS	
	m %	w %	m %	w %
früher einmal:				
politische Jugendgruppe	2.7	1.6	5.0	1.6
politische Partei	1.3	—	1.7	0.4
kirchliche Jugendgruppe	23.5	34.6	23.2	25.9
Pfadfindergruppe	18.8	7.7	16.5	6.1
Sportverein	16.8	17.6	20.9	30.8
Gewerkschaft	2.0	3.8	4.0	2.8
zur Zeit:				
politische Jugendgruppe	5.4	1.6	7.7	1.2
politische Partei	4.7	—	4.0	2.4
kirchliche Jugendgruppe	24.8	15.9	8.1	3.6
Pfadfindergruppe	8.0	9.3	6.4	2.8
Sportverein	32.9	14.8	23.9	12.1
Gewerkschaft	20.1	6.6	17.8	10.1
zu keiner Zeit Mitglied einer dieser Gruppen	12.1	21.4	21.2	31.6
keine Aussage	—	1.1	0.7	1.2

Wie sieht nun das Interesse für Gruppenarbeit heute aus? Die dazu vorgelegte Frage lautete: »Wenn Sie den entsprechenden Kontakt hätten — an der Mitgliedschaft und Mitarbeit in welcher dieser Gruppen wären Sie grundsätzlich am meisten interessiert? (Mehrfach-Nennungen waren dabei zulässig). Die Antworten:

Aussagen der »Kerngemeinde«:

männlich	%
1. Sportverein	43.0
2. Politische Jugendgruppe	31.5
3. Kirchliche Jugendgruppe	27.5
4. Pfadfinder	20.1
5. Politische Partei	19.5
6. Gewerkschaft	16.1

weiblich	%
1. Sportverein	41.2
2. Kirchliche Jugendgruppe	33.0
3. Pfadfinder	22.0
4. Politische Jugendgruppe	20.3
5. Gewerkschaft	5.5
6. Politische Partei	4.9

Aussagen der »Fernstehenden«:

männlich	%
1. Sportverein	44.4
2. Politische Partei	25.9
3. Politische Jugendgruppe	19.5
4. Gewerkschaft	15.2
5. Pfadfinder	13.8
6. Kirchliche Jugendgruppe	10.8

weiblich	%
1. Sportverein	45.7
2. Politische Jugendgruppe	17.4
3. Politische Partei	14.6
4. Pfadfinder	10.9
5. Kirchliche Jugendgruppe	10.5
6. Gewerkschaft	7.3

Wir stellen fest, daß in der »Kerngemeinde« die Jungen nur zu 27 %, die Mädchen zu 33 % Interesse an kirchlichen Jugendgruppen zeigen. Allerdings muß hier auch die Votierung für die Pfadfindergruppe hinzugenommen werden. Insgesamt gesehen liegt das Interesse an kirchlicher Jugendarbeit damit ziemlich hoch.

Anders das Bild bei den weniger kirchlich gebundenen Jugendlichen. Hier ist das Interesse für kirchliche Jugendarbeit im Vergleich zur Bereitschaft, in anderen Jugendgruppen Mitglied zu werden, viel geringer. Eine wichtige Funktion kann auch in dieser Zielgruppe die DPSG (Deutsche Pfadfinderschaft St. Georg) übernehmen. Sie hat bei den Jugendlichen ein gutes Image, wie eigens dafür ausgelegte Fragen beweisen.[2]

In den Altersgruppen steht das Interesse am Sportverein durchweg an erster Stelle. Die Jahrgänge 16 bis 19 interessieren sich dann vor allem für politische Jugendgruppen. 21- und 22jährige nennen kirchliche Jugendgruppen an zweiter Stelle ihrer Interessen, während die 23- und 24jährigen in der politischen Partei ihr Betätigungsfeld artikulieren.

Kirchliche Jugendarbeit stößt bei den Altersgruppen 21 (25 %) und 22 (22 %) auf die größte Bereitschaft. Bei

---

[2] Das IFK hat in den Diözesen München-Freising und Paderborn Umfragen zum Image der DPSG durchgeführt.

den 16- und 17jährigen (18 %) und bei den 23 — 24jährigen (16 %) wird sie an dritter Stelle genannt.
Jugendliche im Alter von 18 (19 %), 19 (14 %) und 20 Jahren (16 %) zeigen im Vergleich mit Interessenten für andere Gruppen das wenigste Interesse an kirchlichen Jugendgruppen.

3. Probleme am Arbeitsplatz

Zum Verhaltenshintergrund Jugendlicher gehört das Gespräch am Arbeitsplatz. Hier wird ein Eindruck vermittelt, welche Fragen und Probleme sie vorwiegend beschäftigen. Nach vorausgegangenen Pretests konnten programmierte Antworten formuliert werden, die den Befragten als Kartentest vorgelegt wurden. 18 Karten trugen je einen Begriff. Unter ihnen konnte der Jugendliche auswählen, wobei Mehrfach-Nennungen möglich waren:

Politische Probleme
Sportereignisse
Familien- und Ehefragen
Religiöse Fragen
Erziehungsprobleme
Sexualität
Freizeit und Urlaub
Probleme des Berufsfortkommens
Sendungen in Rundfunk und Fernsehen
Lohn- und Gehaltsfragen
Auto und Straßenverkehr
Probleme bei der Berufsarbeit
Über Zeitungsartikel
Über soziale Probleme
Über die Kirchensteuer

Über günstige Einkaufsmöglichkeiten
Über die Kirche im allgemeinen
Keine Zeit für Gespräche

Folgende Fragen und Probleme werden nach Meinung der Jugendlichen am Arbeitsplatz am häufigsten besprochen:

1. Sportereignisse
2. Freizeit und Urlaub
3. Lohn- und Gehaltsfragen
4. Sendungen in Rundfunk und Fernsehen

Zunächst fällt bei dieser Skala auf, daß das angebliche »Thema Nummer 1«, nämlich Sex, fehlt. Das Bild verändert sich allerdings, wenn man den Meinungen der »Kerngemeinde« (KG) die der »Fernstehenden« (FS) gegenüberstellt:

(Mehrfachnennungen, über 50 %)

KG männlich %		KG weiblich %	
1. Sport	83.2	1. Freizeit	69.2
2. Lohn	73.2	2. Sendungen in Rundfunk und Fernsehen	61.0
3. Sendungen in Rundfunk und Fernsehen	71.8	3. Lohn	54.9
4. Politik	68.5	4. Politik	53.8
5. Freizeit	67.1	5. Beruf	49.5

FS männlich %		FS weiblich %	
1. Sport	74.7	1. Freizeit	72.5
2. Sex	66.7	2. Lohn	61.1
3. Freizeit	64.6	3. Sendungen in Rundfunk und Fernsehen	55.9
4. Lohn	62.9	4. Sex	53.0
5. Sendungen in Rundfunk und Fernsehen	61.3	5. Sport	50.2

Freizeit- und Urlaubsgestaltung stehen wiederum an der Spitze von Gesprächen am Arbeitsplatz und im Berufsleben. Einen interessanten Signalwert bedeutet es, daß häufig über Sendungen in Rundfunk und Fernsehen diskutiert wird. Hier wird Meinung gebildet, zu der die Massenmedien das Informationsmaterial liefern. Für die Jugendarbeit ein sehr deutlicher Hinweis! Inwieweit hat eine systematische Medienkunde dem Jugendlichen geholfen, sich über den Konsumentenstatus hinweg zum kritischen Zuhörer bzw. Zuschauer zu entwickeln?

Lohn- und Gehaltsfragen werden in allen Zielgruppen und Altersgruppen ausführlich diskutiert. In den Jahrgängen 19 — 21 und 23 — 24 sind sie mit das Hauptthema. Dazu gehören auch Gespräche über berufliches Fortkommen.

Gespräche über religiöse Fragen, Kirche im allgemeinen und über die Kirchensteuer werden am Arbeitsplatz kaum geführt. Sie rangieren hinter Platz 10 in der Rangliste der votierten Themen und liegen in der KG bei 17 % (männlich) und 27 % (weiblich), bei den FS 10 % (männlich) und 14 % (weiblich). Mädchen scheinen demnach häufiger über religiöse Probleme zu sprechen als Jungen. Bei den Altersgruppen sind es die 16- bis 17jährigen und die 21jährigen, die mehr über Religion plaudern. Diskussionen über die Kirchensteuer interessieren vor allem die 21- bis 24jährigen. Sie spüren bereits deren Auswirkung.

Das Thema »Kirche« scheint etwas bedeutsamer zu sein. In der KG votieren die Jungen mit 26.9 %, die Mädchen mit 34.6 %, daß darüber gesprochen wird. Bei den FS bestätigen dies 20.5 % der Jungen und 18.2 % der Mädchen. In allen Altersgruppen wird mit über 20 % durchgehend zum Ausdruck gebracht, daß die Kirche im allgemeinen häufiger diskutiert wird.
Entscheidend ist für diesen Ansatzpunkt, ob die Kirche über engagierte Jugendliche verfügt, die als opinion leaders hier ihre Rollenfunktion wahrnehmen können. Denn es ist eine Existenzfrage, daß bei den jungen Menschen die Kirche »im Gespräch« bleibt.

4. Informationsquellen für Jugendliche

Die Informationsbasis bei Jugendlichen ist sehr breit und vielsichtig. Sie weicht etwas von den allgemeinen Informationsquellen der Erwachsenen ab, wie Reihenuntersuchungen des IFK nachweisen. Für Erwachsene ist erster Informationsträger das Fernsehen mit 82 %, dann folgen Tageszeitung mit 73 %, persönliche Gespräche mit 38 %, Illustrierte mit 18 %, Wochenzeitungen mit 13 % und Besuch von Veranstaltungen mit 9 %.

Die Grafik A zeigt die Reihenfolge der wichtigsten Informationsquellen für Jugendliche.
Zwischen Jungen und Mädchen gibt es in der Priorität

GRAFIK A

DIE WICHTIGSTEN INFORMATIONSQUELLEN JUGENDLICHER

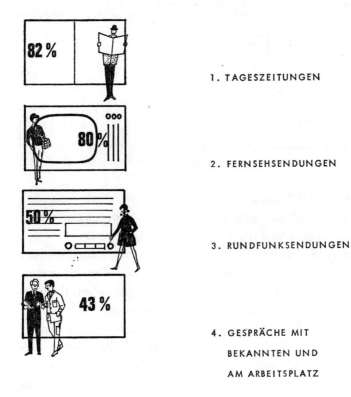

1. TAGESZEITUNGEN

2. FERNSEHSENDUNGEN

3. RUNDFUNKSENDUNGEN

4. GESPRÄCHE MIT BEKANNTEN UND AM ARBEITSPLATZ

der Informationsquellen Unterschiede. Grafik B zeigt einen Vergleich dazu. Interessant ist festzustellen, daß Jugendliche sich am Arbeitsplatz und im Bekanntenkreis besser informieren können als in der eigenen Familie. Den geringsten Informationswert für sie haben kirchliche Veranstaltungen und Gottesdienste. Wen wundert also die Entfremdung?

Wer Jugendliche erreichen will, kann dies ohne die Platt-

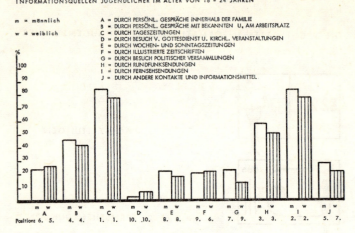

form der Tageszeitung nicht vollziehen. Auch Fernsehen und Rundfunk müssen viel stärker als Informationsträger in die kirchliche Jugendarbeit einbezogen werden.

Eigene Media wie regelmäßige Informationsdienste, Schallplatten, Tonbänder und dgl. sind ebenfalls erstrebenswert, da die Jugendlichen zu relativ hohem Prozentsatz solche Informationsmittel akzeptieren.

Ein wesentlicher Ansatzpunkt zur Verbesserung der Informationsbasis für kirchliche Jugendarbeit bieten *Gespräche* mit Bekannten und am Arbeitsplatz. Die systematische Ausbildung von opinion leaders als Informanten ihrer Umgebung und der Aufbau *informeller Gruppen* werden eine zwingende Notwendigkeit.

Der niedrige Stellenwert kirchlicher Veranstaltungen entspricht völlig den Tatsachen. In den meisten Pfarrgemeinden erfaßt die Information — soweit sie überhaupt aktuellen Bezug trägt — höchstens die Kirchgänger. Ein Teil der Gemeinde verfügt zwar mittlerweile über sogenannte *Gemeindebriefe*, die gewöhnlich viermal im Jahr an alle kath. Familien gelangen. Deren Inhalt ist jedoch meist

wenig informativ — vor allem, was die Zielansprache der Jugendlichen betrifft.
Die Jugendarbeit muß sich deshalb regelmäßig in diesen Gemeindebriefen zur Selbstdarstellung bringen und sich auch aller anderen kirchlichen Informationsträger bedienen. Immerhin sind es über 50 % der Jugendlichen, die kirchliche Zeitungen lesen (Grafik C), wenn auch kaum regelmäßig. Ein höherer Informationswert kirchlicher Zeitschriften könnte sicher dieses Leseverhalten positiv verändern.
Die Erhebung in der Erzdiözese Paderborn versuchte auch festzustellen, welche kirchlichen Zeitungen gelesen werden. Während rund 30 % sich an genaue Titel nicht erinnern können, werden folgende Zeitschriften bevorzugt:

KG männlich %		KG weiblich %	
1. Der Dom	65.3	1. Der Dom	67.1
2. Pfarrbrief	41.8	2. Pfarrbrief	27.9
3. Weltbild	24.5	3. Weltbild	23.6
4. Publik	14.3	4. Liboriusblatt	17.1
Neue Bildpost	11.4	5. Neue Bildpost	14.3
5. Liboriusblatt	12.2	6. Publik	9.3

FS männlich %		FS weiblich %	
1. Der Dom	45.6	1. Der Dom	45.9
2. Pfarrbrief	18.4	2. Pfarrbrief	14.4
3. Publik	17.6	3. Publik	11.7
4. Weltbild	15.4	4. Weltbild	7.2
5. Liboriusblatt	8.8	5. Neue Bildpost	6.3
6. Neue Bildpost	6.6	9. Liboriusblatt	6.3

Die Diözesanzeitung »Der Dom« erreicht 65 % der KG und 45 % der FS. Sie sollte besser mit Informationen über Jugend und kirchliche Jugendarbeit bedient werden. Nach Altersgruppen aufgeschlüsselt sind die wichtigsten kirchlichen Informationsträger durchgehend:

1. Kirchenzeitung »Der Dom«
2. Pfarrbrief der Pfarrgemeinde
3. Weltbild

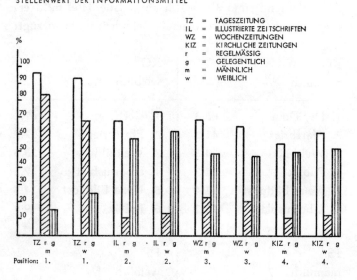

GRAFIK C

STELLENWERT DER INFORMATIONSMITTEL

II. Das Image der Kirche bei Jugendlichen

Das Wort »Image« ist für viele ein Zauberwort unserer Zeit. Wir verstehen darunter das Vorstellungsbild über eine Person oder Institution. So gibt es ein personales

Image und ein korporatives Image. Es gibt beispielsweise das Gesamtbild eines Volkes und daneben zahlreiche Teilvorstellungsbilder (Subimages) einer Landschaft oder eines Stammes.

Alle diese Vorstellungsbilder, die aus subjektiven und objektiven Informationen, Meinungen, Erlebnissen, Erfahrungen und Erwartungen zusammengesetzt sind, enthalten positive und negative Vorurteile. Vorstellungsbilder müssen aber eindeutig von dem tatsächlichen Erscheinungsbild unterschieden werden. Letzteres kann erheblich das Vorstellungsbild positiv oder negativ verändern.

Auch die Kirche hat ein Image in der Öffentlichkeit, das sowohl personelle Subimages (Priester, Orden, Hauptamtliche usw.) wie korporative Images (Gemeinden, Gruppen, Verbände, Behörden) enthält.[3]

Es ist für die Kirche so wichtig, das ihr zugedachte Image zu erfahren, weil der »gute Ruf« heute entscheidend das Verhalten des Menschen und seine Bindungsbereitschaft mitbestimmt. Die Glaubwürdigkeitsfrage ist zur entscheidenden Kernfrage in unserem Lebensrhythmus geworden. Vom Image hängt das Vertrauen ab, das eine Person oder Gruppe in der Öffentlichkeit genießt. Man kann dieses Image nicht »aufpolieren« mit publizistischen Gags oder werbepsychologischen Tricks. Der Inhalt einer Information oder Kommunikation muß in der Praxis mit dem tatsächlichen Verhalten des Verkündigers (seinen effektiven Diensten) übereinstimmen.

Wie sieht nun die Jugend diesen Vorgang in der Kirche? Um es vorwegzunehmen: das Image der Kirche bei den Jugendlichen ist negativ und verschwommen.

---

[3] Vgl. Die Faktoren zum Image der Kirche. In: Scharrer/Löcher: „Kontakte oder Konflikte?" S. 34 ff. Verlag G. Kaffke, Bergen-Enkheim, 1970.

1. Wie erfüllen Kirche und Pfarrgemeinde ihre Aufgaben in der heutigen Zeit?

Auf diese Frage im Rahmen der Untersuchung lautete die Antwort:

mittelmäßig (56.7 %)
schlecht (22.1 %)

Die Jungen verstärken dieses negative Vorstellungsbild noch, indem sie mit 11.4 % »sehr schlecht« votieren. Über ein Drittel von ihnen sieht also keine befriedigende Aufgabenerfüllung der Kirche, sondern bezeichnet diese mit »schlecht« und »sehr schlecht«.
Die Mädchen haben eine etwas verständnisbereitere Vorstellung. Sie votieren mit 11.2 % »gut« im Hinblick auf die Aufgabenerfüllung der Kirche.
Eindeutiger werden die Aussagen, wenn man sie nach KG und FS aufschlüsselt.

TABELLE 3

Aufgabenerfüllung der Kirche

Erfüllen Kirche und Pfarrgemeinde nach Ihrer Meinung ihre Aufgaben in der heutigen Zeit?

	KG		FS	
	m %	w %	m %	w %
sehr schlecht	5.4	3.8	14.5	7.7
schlecht	12.8	11.1	28.3	28.3
mittelmäßig	68.5	64.3	48.8	53.4
gut	12.0	17.0	4.0	6.9
sehr gut	—	1.1	0.7	—
keine Aussage	1.3	2.7	3.7	3.7

Der Trend bei den FS geht wesentlich stärker zu den Beurteilungsmerkmalen »schlecht« und »sehr schlecht«.

Bei der Altersgruppenauswertung stellt man fest, daß die 19- bis 22jährigen das negativste Bild von Kirche und Pfarrgemeinde haben.

Selbstverständlich leidet auch die Jugendarbeit unter diesem negativen Gesamtimage der Kirche. Das Mißtrauen bzw. Mißbehagen wird auf sie übertragen.

Im Repräsentativ der katholischen und evangelischen Wohnbevölkerung in der BRD hat die Kirche ein positiveres Image, wie die Grafik 4 (Seite 28) zeigt. Die katholischen Befragten votieren mit 31 %, daß die Aufgabenerfüllung der Kirche »gut« sei, und nur 16 % votieren mit »schlecht«. Ein erster Signalwert, daß im Verhältnis Jugend und Kirche erhebliche Störungen vorhanden sind!

Dies kann so weit gehen, daß alles, was offiziell mit Kirche zu tun hat, rundweg und pauschal abgelehnt wird. Kirchliche Häuser werden gemieden, Angebote nur zögernd wahrgenommen.

2. Kirche und Arbeitsplatz

Die Jugendlichen wurden auch befragt, ob nach ihrer Meinung die Kirche sich ausreichend um ihre Probleme am Arbeitsplatz und im Beruf kümmere.

Auch hier fällt das Ergebnis negativer aus als bei Repräsentativbefragungen der Gesamtpopulation.[4]

---

4 Vgl. Bruno Kalusche: „Kirche wohin?", S. 20 ff. Verlag G. Kaffke, Bergen-Enkheim, 1969.

TABELLE 4

Kirche und Arbeitsplatz

Kümmert sich die Kirche nach Ihrer Meinung ausreichend um die Probleme am Arbeitsplatz und im Beruf?

	KG m %	KG w %	FS m %	FS w %
ja	8.7	12.2	5.7	5.2
das kann ich nicht genau sagen	23.5	22.5	17.2	27.9
das geht die Kirche nichts an	16.8	22.5	33.7	38.9
nein	45.6	32.4	37.4	23.5
keine Aussage	5.4	10.4	6.0	4.5

Bei den FS sind hier schon hohe Schwellenwerte vorhanden. 33.7 % der Jungen und 38.9 % der Mädchen sagen aus »das geht die Kirche nichts an«. Sie trennen bereits Arbeits- und Berufswelt von Kirche. Die Versäumnisse der Kirche auf dem Sektor der Betriebs- und Berufsseelsorge schlagen hier deutlich zu Buche. Man traut der Kirche die Lösung der Berufsprobleme gar nicht zu, sondern empfindet ihr Bemühen sogar als Einmischung in fremde Bereiche.

Hinweise, wie die verschiedenen Altersgruppen über das Engagement der Kirche am Arbeitsplatz denken, gibt Tabelle 5:

TABELLE 5

Kirche und Arbeitsplatz — Altersgruppenaussagen

Kümmert sich die Kirche nach Ihrer Meinung ausreichend um Ihre Probleme am Arbeitsplatz und im Beruf?

	I. %	II. %	III. %	IV. %	V. %	VI. %	VII. %
ja	6.1	8.4	8.9	5.6	8.3	2.4	8.1
das kann ich nicht genau sagen	22.4	23.4	22.3	24.7	21.4	17.1	25.8
das geht die Kirche nichts an	28.0	21.5	32.1	37.1	35.7	39.0	28.0
nein	36.9	40.2	33.1	28.1	31.0	32.9	31.7
keine Aussage	6.6	6.5	3.6	4.5	3.6	8.6	6.4

I. = 16/17 Jahre
II. = 18 Jahre
III. = 19 Jahre
IV. = 20 Jahre
V. = 21 Jahre
VI. = 22 Jahre
VII. = 23/24 Jahre

Im Schnitt ist es ein Drittel aller Jugendlichen, die von der Kirche im Berufsleben Hilfe erwarten. Wenn das Vertrauen der Arbeitswelt in die Kirche nicht total schwinden soll, ist die Beratung der Jugendlichen in Berufs- und Arbeitsplatzfragen einer der wichtigsten Schwerpunkte ihrer Arbeit. Kaum jedoch findet sich eine praktikable Konzeption für diesen funktionalen Bereich der Seelsorge. Die Kirche wird nicht umhin können, zunächst einmal durch wissenschaftliche Situationsanalysen in der Betriebswelt Ansatzpunkte für Kommunikationswege und Effektivität der Dienste erforschen zu lassen. Dazu ist sie mehr denn je verpflichtet, denn sie lebt ja vom finanziellen Beitrag der arbeitenden Menschen. Theoretische Abhandlungen reichen jetzt nicht mehr aus.

3. Rat und Lebenshilfe

Einen zusätzlichen Einblick in das Vorstellungsbild von Kirche vermitteln die Antworten auf die Frage, ob Kirche und Pfarrgemeinde genug unternehmen, um dem Menschen für seine Probleme im täglichen Leben der modernen Gesellschaft Rat, Lebenshilfe und Bildungsmöglichkeiten anzubieten. 52 % aller Befragten[5] in der Erzdiözese München-Freising äußern, daß die Kirche »zu wenig« und »viel zuwenig« dafür tue. In der KG äußern dies zwar nur 44 %, bei den FS dafür schon 56 %. Die Kirche bietet also zu wenig konkrete Hilfen für die praktische Lebensgestaltung.

Die Jugendlichen haben noch weit höhere Erwartungen. Rund 72 % bedauern, daß die Kirche »zu wenig« und »viel zuwenig« tue, um Rat und Lebenshilfe zu vermitteln. Hier treten »Hilferufe« in einem Ausmaß zutage, die nach Erfüllung schreien. Selbst in Diasporastrukturen, wo große Unsicherheit über das tatsächliche Angebot der Kirche auf diesem Sektor herrscht, meinen im Schnitt 53 % der Jugendlichen, daß die Kirche im Bereich konkreter Lebenshilfe »mehr« und »viel mehr« unternehmen müsse.[6]

5 Repräsentativerhebung zum Image der DPSG. IFK 1970
6 Repräsentativerhebung des IFK in Kassel und Hanau, 1970

Wie breit der Erwartungsfächer im Bildungsangebot beispielsweise ist, stellt Grafik 8 (Seite 32) dar.

4. Berufsbild des Pfarrers

Zum personellen Image der Kirche gehört vor allem das des Pfarrers. Er hat bestimmte Leitbildfunktionen, prägt den Stil in der Gemeinde und setzt Schwerpunkte für die Seelsorge. Wie wird er von den Jugendlichen gesehen, welche Eigenschaften und Merkmale halten sie an ihm für besonders typisch?
In einem Kartentest konnten alle Befragten im Alter von 16 — 24 Jahren ihre Votierungen mehrfach abgeben. Zur Auswahl standen 24 Begriffe. Hier sollen nur die Höchstwerte bis ca. 30 % aufgeführt werden.

Die KG eignet dem Pfarrer folgende Merkmale zu:

männlich	%	weiblich	%
1. Gläubigkeit	60.4	1. Gläubigkeit	63.2
2. Zuverlässigkeit	47.0	2. Frömmigkeit	33.3
3. Frömmigkeit	46.3	3. Nächstenliebe	32.0
4. Nächstenliebe	43.6	4. Verschwiegenheit	31.3
5. Humor	42.3	5. Rückständigkeit	30.3

Bei den FS wird der Pfarrer mit folgenden Eigenschaften gesehen:

männlich	%	weiblich	%
1. Gläubigkeit	42.1	1. Gläubigkeit	43.3
2. Frömmigkeit	33.3	2. Frömmigkeit	41.3
3. Nächstenliebe	32.0	3. Verschwiegenheit	35.2
4. Verschwiegenheit	31.3	4. Nächstenliebe	34.4
5. Rückständigkeit	30.3	5. Rückständigkeit	28.7

Auf den ersten Blick scheint es kein allzu negatives Bild zu sein, das hier vom Pfarrer gezeichnet wird. Man muß allerdings berücksichtigen, daß die Begriffe »gläubig« und »fromm« gerade von den FS mit »rückständig« gekoppelt werden. Fortschrittlichkeit, Entscheidungsfreudigkeit werden durchschnittlich um 10 — 15 % niedriger votiert.
Es sind vor allem die 16- bis 18jährigen, die das Berufsbild des Pfarrers (mit 28 %) als »rückständig« betrachten.
Man kann bei diesen Wertungen davon ausgehen, daß die Befragten konkrete Personen vor Augen hatten. Der eigene »zuständige« Pfarrer ist den Befragten weitgehend bekannt. Grafik 10 zeigt anschaulich, daß 62 % in der Stadt und 67 % in Landstrukturen den Namen ihres Pfarrers kennen. Welche Personenkreise sind umgekehrt dem Seelsorger in seiner Gemeinde namentlich bekannt?
Weiteren Aufschluß über das Image des Pfarrers bringen Aussagen über vermeintliche Berufswahlmotive katholischer Geistlicher. Folgende Gründe werden in der KG und bei den FS dafür genannt:

KG (»Kerngemeinde«)	männlich %	weiblich %
1. Die Überzeugung, den Menschen so am besten dienen zu können	59.0	60.4
2. Der Entschluß, das eigene Leben Gott zu weihen	51.0	54.4
3. Der Wunsch, sich ganz der Verkündigung des Evangeliums zu widmen	34.9	42.3
4. Persönliche Enttäuschungen im Umgang mit der Welt	27.5	17.0
5. Die Eltern haben dazu überredet	15.4	14.3

Auffallend bei den Aussagen ist, daß Jungen und Mädchen die gleichen Prioritäten setzen. Dies ist in der Zielgruppe FS ebenso, also ein relativ geschlossenes Meinungsbild:

FS (»Fernstehende«)	männlich %	weiblich %
1. Die Überzeugung, den Menschen so am besten dienen zu können	42.8	45.7
2. Der Entschluß, das eigene Leben Gott zu weihen	34.3	36.0
3. Persönliche Enttäuschungen im Umgang mit der Welt	26.6	30.8
4. Der Wunsch, sich ganz der Verkündigung des Evangeliums zu widmen	25.3	23.9
5. Die Eltern haben dazu überredet	21.9	20.6

»Persönliche Enttäuschungen« werden von den FS schon an dritter Stelle als Berufswahlmotiv genannt.

Der Vollständigkeit halber seien hier die restlichen Votierungen bei den FS angeführt:

	männlich %	weiblich %
6. Kennt die Schönheiten des Lebens noch nicht	19.9	15.4
7. Ablehnung der materiellen Wertmaßstäbe	16.2	13.0
8. Möglichkeit, auf Kosten der Kirche zu studieren	14.1	13.0
9. Der Pfarrer hat dazu überredet	13.8	11.3
10. Um von materiellen und finanziellen Sorgen frei zu sein	13.5	10.9
11. Angst vor dem harten Lebensalltag in einem anderen Beruf	13.1	10.5

Die positive Grundhaltung dem Seelsorger gegenüber kommt bei allen Erhebungen des IFK zum Ausdruck in den Richtwerten, daß als wichtigster Dienst des Pfarrers »persönliches Bemühen um den einzelnen Menschen« genannt wird (s. Grafik 11, Seite 35).

Eine besondere Rollenfunktion innerhalb der Kirche haben die verschiedenen Orden. Sie tragen ebenfalls in hohem Maße zum Image der Kirche bei.

Die Jugendlichen wurden dazu befragt, welche Zukunftschancen sie dem Orden geben (s. Tabelle 6).

TABELLE 6

Zukunftschancen der Orden

Wie beurteilen Sie die Ordensarbeit grundsätzlich? Zeitgerecht und mit großen Chancen für die Zukunft — oder überholt und ohne große Zukunftschancen?

	KG		FS	
	m	w	m	w
sehr große Zukunftschancen	—	1.1	1.0	—
große Zukunftschancen	8.7	5.5	1.3	1.2
neutrale Bewertung —				
keine klare Meinung	22.8	29.1	20.5	25.5
kleine Zukunftschancen	35.6	37.4	29.3	25.1
sehr kleine Zukunftschancen	31.6	24.7	45.5	45.3
keine Aussage	1.3	2.2	2.4	2.9

Tabelle 6 zeigt, daß 45 % aller FS den Orden nur sehr kleine Zukunftschancen geben. Von den Jungen werden ihnen mit 29 % »kleine Zukunftschancen«, von den Mädchen mit 25 % »kleine Zukunftschancen« eingeräumt. Das sind im Schnitt 70 %/o negative Beurteilungen der Ordenszukunft.

Haben die Orden zu wenig spezifisches Profil? Welche Unterscheidungsmerkmale in den Aufgabenbereichen gibt es zum Weltklerus? Umfragen zum Image der Orden zeigen, daß die Öffentlichkeit viel zu wenig über das Leben und Arbeiten im Orden weiß.[7]

5. Beurteilung der Pfarrgemeinderatswahlen

Die Verfassung und Organisation einer Institution hat mitbestimmenden Einfluß auf das Vorstellungsbild. Eine Äußerung der Jugend zum Thema Pfarrgemeinderatswahlen ist deshalb aufschlußreich.

»Sind die Pfarrgemeinderatswahlen nach Ihrer Meinung demokratische Wahlen oder nicht?« Auf diese Frage wurden folgende Antworten protokolliert:

1. Keine Meinung   37.0 % aller Befragten
2. Nein, nicht demokratisch 27.7 % aller Befragten
3. Ja, demokratisch   26.6 % aller Befragten
4. Keine Aussage   8.7 % aller Befragten

Die Antworten zeigen, daß große Unsicherheit in der Beurteilung dieser Frage vorhanden ist. Der Informationswert über die Wahlen ist gering. Die Gegenüberstellung der Meinungen von KG und FS beweist dies:

---

[7] 65% aller repräsentativ befragten kath. Personen äußerten, daß die Öffentlichkeit zu wenig über die Orden weiß. Aus: Image-Analyse der Franziskaner-Provinz Saxonia, IFK 1970.

	KG		FS	
	m %	w %	m %	w %
Ja, demokratisch	40.3	37.4	20.9	17.4
Keine klare Meinung	25.5	31.9	37.7	47.0
Nein, nicht demokratisch	26.8	22.5	32.3	26.3

Nach Altersgruppen verglichen herrscht durchgehend Unsicherheit, ausgedrückt durch die Antwort »Keine klare Meinung«. In den Gruppen 16, 17, 20, 21 und 22 Jahre wird sogar zu gleichen Teilen mit »ja« und »nein« gestimmt.

Dahinter steckt auch die ungeklärte Frage nach dem Sinn, den Aufgaben und der Kompetenz des Pfarrgemeinde-

GRAFIK D

BEREITSCHAFT ZUR WAHL IN DEN PFARRGEMEINDERAT

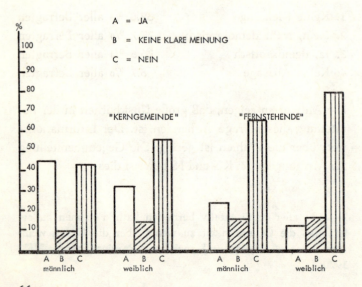

rates überhaupt. Die erste Legislaturperiode hat nur in wenigen Gemeinden das Wirken des Pfarrgemeinderates sichtbar und im Gemeindeleben spürbar werden lassen. So ist es nicht verwunderlich, daß die Jugendlichen in der Mehrheit persönlich nicht bereit sind, sich in den Pfarrgemeinderat wählen zu lassen (vgl. Grafik D).

Für eine Kandidatur sind besonders Zugehörige der Altersgruppen 18, 21, 23 und 24 Jahre ansprechbar. Sie votierten alle über 28 % mit »ja«.

Für die Zukunft der Kirche ist das bei den Jugendlichen festgestellte Image alarmierend. Jugendarbeit ist ohnedies ein mühsames und problembeladenes Unterfangen. Es kann den wenigen Kräften, die hier hauptamtlich wirken, unmöglich zugemutet werden, daß sie die Probleme der Gesamtkirche mitlösen. Hier muß die *gesamte Kirche* das Anliegen der Jugendarbeit begreifen und unterstützen lernen.

In diesem Zusammenhang wird auf die Grafik 1 »Welches persönliche Verhältnis haben die Menschen zur Kirchengemeinde« hingewiesen. 39 % der katholischen Wohnbevölkerung bezeichnen ihr Verhältnis zur Pfarrgemeinde bereits mit »neutral« und 11 % als »enttäuscht« und »sehr enttäuscht«. Das ist rund die Hälfte aller Katholiken. Eine Reihe von psychologischen Untersuchungen mit Hilfe von Farbtests über die emotionale Bindung der Befragten an die Kirche bestätigt voll und ganz diese Feststellung.

Es ist eine Art enttäuschtes Verhältnis über die mangelnde Partnerschaft der Kirche zum Menschen in seiner konkreten Situation, Enttäuschung über die mangelnde Effektivität kirchlicher Dienste. Rückfragen bei denjenigen Katholiken, die ihr Verhältnis zur Kirche mit »neutral«, »enttäuscht« und »sehr enttäuscht« zum Ausdruck brach-

ten, decken einige Gründe für das gestörte Kommunikationsfeld auf. 41 % sagen aus, in der Kirche wird »*zu viel geredet und zu wenig getan*«, 18 % monieren die »Verwendung der finanziellen Mittel« u.a. (s. Grafik 5).
Die Zielgruppe »Jugendliche« votiert zudem relativ hoch als Gründe für Enttäuschungen: »In der Person des Pfarrers« (32 %), »Im Verhalten anderer Gemeindemitglieder« (26 %) und »Im Verhalten des Pfarrgemeinderates« (17 %).[8]
Gemeinde ist weithin nur theoretisch existent. In Wirklichkeit sind dies nebeneinanderher lebende Gruppierungen verschieden Privilegierter. Der anonyme Charakter in den Territorialgemeinden ist doch sehr hoch.
Viele solcher Erfahrungen und frustrierter Erwartungen werden auf die Pfarrgemeinderatswahlen reflektiert.
Bei dieser Grundhaltung des Mißtrauens und Mißbehagens gegenüber der Kirche darf es nicht verwundern, wenn die Jugendlichen noch klarer und offener ihre Meinungen äußern. Es sind wertvolle Signalwerte für die Kirche, die daraufhin ihr Verhalten überprüfen und falsche Verhaltensweisen abbauen muß. Die mangelnde Bereitschaft, sich im funktionären Bereich für die Kirche zu engagieren, ist nur konsequent.
Wer die Praxis kirchlicher Jugendarbeit kennt, wird auch einräumen, daß die Interessen der Jugend in den bestehenden Rätegremien viel zuwenig berücksichtigt werden, ja, daß teilweise die Jugend selbst von den Entscheidungen und Mitbestimmungen völlig ausgeschlossen bleibt. Die Jugendlichen werden und können nicht anders sein als die Gesellschaft und die Kirche, in denen sie leben. Man kann von ihnen nicht erwarten, daß sie sich zu den

---

8 Ergebnisse aus Repräsentativuntersuchungen in der Diözese Fulda, IFK 1970

Idealen der älteren Generation bekennen, aber auch nicht, daß sie allein ein eigenes Programm für die Gestaltung der Zukunft vorlegen. Die Kirche muß sich zuerst verständlicher dem Menschen — insbesondere dem Jugendlichen gegenüber — artikulieren und weniger juristisches und funktionäres Verhalten zeigen, sondern mehr menschliche Verständnis- und Kontaktbereitschaft.
Ansätze zu interpersonellem Dialog im kleineren Kreis in einer Privatwohnung werden dankbar honoriert (vgl. Grafik 3, Seite 27). Sie können im Laufe der Zeit auch das Kontaktverhältnis in der Nachbarschaft (vgl. Grafik 2, Seite 26) verbessern. Erhebungen zeigen, daß die »Kerngemeinde« im Vergleich zu den »Fernstehenden« immer noch ein besseres Kontaktverhältnis ausdrückt.

III. Wie kirchlich ist die Jugend?

Die Vermittlung von Inhalten und Werten kirchlicher Verkündigung setzt die menschliche Begegnung voraus. Diese Grundtatsache scheint die Erneuerung der Liturgie berücksichtigt zu haben. Es wurde versucht, den Gottesdienstteilnehmer mehr in das Geschehen zu integrieren; wobei allerdings durch die Erneuerung der Liturgie noch keineswegs eine liturgische Erneuerung der Gemeinden vollzogen ist.

1. Gottesdienstbesuch

37.8 % aller befragten Jugendlichen im untersuchten Raum gehen nach eigener Aussage jeden Sonntag bzw. wöchentlich regelmäßig zum Gottesdienst; die Mädchen häufiger (42.4 %) als die Jungen (33.4 %). Dieses Ergebnis weicht nicht wesentlich von allgemeinen Repräsentativbefragungen ab. 15.7 % äußern, daß sie selten und 7.5 %, daß sie nie zum Gottesdienst gehen.

Interessant sind die Einstellungen der Jugendlichen zum kirchlichen Sonntagsgebot. Nur 10.6 % halten das für richtig, 14.9 % haben keine klare Meinung, 31.8 % sagen aus »das ist falsch«, und 37.4 % äußern schließlich »ich lehne das ab«. Ist das nicht ein gewisser Widerspruch, nachdem doch relativ viele Jugendliche zur Kirche gehen? Die Gegenüberstellung der Aussagen von KG und FS bringt Klarheit darüber.

TABELLE 7

Sonntagsgebot der Kirche

Wie beurteilen Sie das strikte kirchliche Gebot, am Sonntag die hl. Messe besuchen zu müssen?

	KG		FS	
	m %	w %	m %	w %
Das ist richtig	22.8	21.4	4.1	3.2
Keine klare Meinung	14.8	21.4	10.4	15.4
Das ist falsch	23.5	28.6	37.7	32.0
Ich lehne das ab	31.5	20.9	45.1	43.7
Keine Aussage	7.4	7.7	2.7	6.7

Die Tabelle zeigt, daß 37.6 % der Jungen und 42.8 % der Mädchen das Sonntagsgebot für richtig halten oder keine klare Meinung haben. Diese Prozentsätze sind fast mit denen der Kirchgänger identisch. Je mehr der Jugendliche von der Kirche entfremdet ist, um so stärker lehnt er das Sonntagsgebot ab.

Gottesdienst ist eine personale Erfahrung. Sicher würde es einer eingehenden Untersuchung bedürfen, aber es darf hier angedeutet werden, daß der regelmäßige Gottesdienstbesucher besser den missionarischen Charakter des Gottesdienstes und seine Konsequenzen erfaßt.

Regelmäßiger Gottesdienstbesuch ist ein gewisser Schwellenwert. Wer nur selten der Liturgie beiwohnt, stellt an diesen seltenen Besuch überhöhte Forderungen und ist je nach seiner Einzelerfahrung zeitweilig neu frustriert. Das personale Moment muß beim Gottesdienst stärker berücksichtigt werden durch Dauerkontakte, menschliches Sich-Kennenlernen, durch eine gewisse Vertrautheit, sowohl vom Liturgen her wie auch von der liturgischen Gemeinde.[9]

Aus anderen Untersuchungen des IFK ist uns bekannt, daß Jugendliche in erster Linie folgende Erwartungen an den Gottesdienst stellen:

1. Selbstbesinnung
2. Gelegenheit zum Nachdenken
3. Abstand vom Alltagsleben
4. Anregung zur Klärung eigener Probleme

Vielleicht werden diese Motivationen als gruppenegoistische Zielvorstellungen vom Theologen bewertet, sie signalisieren aber, daß den Jugendlichen der konkrete Lebensbezug im Gottesdienst fehlt. Weshalb also eine

---

[9] Vgl. Eucharistiefeier mit Jugendlichen. In: A. Höfer, Modelle einer pastoralen Liturgie. Styria Graz 1969, S. 13 ff.

»Veranstaltung« besuchen, die nur wenig »Nutzwert« besitzt und an der man nur unter Verpflichtung durch ein kirchliches Gebot teilnehmen soll? Was geschieht bei dem fortschreitenden Priestermangel, wenn Gottesdienste gar nicht mehr als volle Eucharistiefeier gehalten werden können, — entfällt dann das Sonntagsgebot? Warum gibt es in verschiedenen Diözesen verschiedene Feiertagsgebote? Als Tourist unterliegt man welchen diözesanen Geboten?

Trotz vielseitiger Thesen ist der Priester für den Gottesdienst entscheidend. Er wird von der Gemeinde als kompetent dafür erklärt, der von der Sache etwas versteht (»dafür da ist«). Er soll vor allem ein guter Prediger sein, denn die Predigt ist und bleibt der betont menschliche Faktor der Liturgie. Sie ist Gesprächsstoff nach dem Gottesdienstbesuch. Jugendliche werden von den Eltern z. B. oft mit der Kontrollfrage getestet: »Wer hat was gepredigt?«, ob sie nun im Gottesdienst waren oder nur die Zeit vertan haben.

Welchen Praxisbezug aber soll die Predigt haben?

2. Predigtwünsche

TABELLE 8

Predigtthemen

Steht es nach Ihrer Meinung dem Pfarrer zu, in seiner Predigt etwas zu sagen über: (es waren mehrere Votierungen möglich)

	KG		FS	
	m %	w %	m %	w %
die Studentenunruhen	42.3	37.4	29.3	26.3
den Vietnamkrieg	57.7	50.5	41.8	38.9
die Frage der Oder-Neiße-Linie	34.9	25.8	21.9	17.8
die Empfängnisverhütung	51.0	37.9	33.3	32.0
politische Tagesfragen	43.6	38.5	24.9	23.1
soziale Tagesfragen	71.8	69.8	44.4	44.9
steht ihm nicht zu	16.1	18.1	34.7	34.4
keine Aussage	5.4	4.9	5.7	10.1

Durch diese Votierungen wird sichtbar, daß die Verkündigung im Gottesdienst ihren konkreten »Sitz im Leben« haben soll. Der Zuhörer wünscht weniger Exegese. Sie gehört in die Vorlesung, nicht so sehr auf die Kanzel. Der Prediger soll Stellung nehmen zu »sozialen Tagesfragen«, wird durchgehend am höchsten votiert, — eine Lebensdeutung also. Geht es um eine neue praktikable Moral, die es allen erträglicher macht, in dieser Gesellschaft zu überleben und zu leben?

Der Jugendliche unterscheidet genau zwischen Kirche als Verkündigungsfaktor und Kirche als politischem Machtfaktor. Eine Stellungnahme der Kirche zu politischen Fragen wird mit geteilter Meinung bewertet, wie eine weitere Befragung ergab. In der »Kerngemeinde« befürworten dies 45.6 % der männlichen und 48.9 % der weiblichen Befragten, bei den »Fernstehenden« lehnen es 49.5 % der männlichen und 42.1 % der weiblichen Befragten ab. Unsicher in ihrer Meinung darüber sind im Schnitt 20 %. In Grenzfällen wird diese Meinung über »Kirche als Regulativ« in der Gesellschaft noch differenzierter. Dazu wurde den Jugendlichen folgende Frage vorgelegt:

TABELLE 9

Kirche und Sexwelle

Sollte nach Ihrer Meinung die Kirche ihren Einfluß geltend machen, um die Sexwelle in Fernsehen, Film und Illustrierten einzudämmen?

	KG m %	KG w %	FS m %	FS w %
ja, das wäre dringend erforderlich	12.8	9.3	2.7	2.8
ja, das wäre gut	18.1	26.9	10.1	13.4
keine klare Meinung — neutral	28.2	24.2	24.9	28.7
nein, das wäre schlecht	30.9	25.8	35.4	34.4
nein, das wäre sehr schlecht	8.7	10.4	24.2	19.1
keine Aussage	1.3	3.4	2.7	1.6

Die weiblichen Jugendlichen der KG hielten es für gut, wenn die Kirche ihren Einfluß gegen die Sexwelle geltend machen würde, die männlichen Jugendlichen für schlecht. Sehr hoch ist die Anzahl der Befragten, die keine klare Meinung dazu vertreten. Bei den FS geht die Tendenz schon deutlicher dahin, daß die Kirche ihren Einfluß nicht geltend machen sollte, obwohl auch hier noch die neutrale Haltung sehr hoch liegt.

3. Mitbestimmung in der Kirche

Gemeindereform ist ein möglichst demokratischer Basisprozeß, formuliert Osmund Schreuder seine fünfte These über die Gemeindereform.[10]

10 Osmund Schreuder: Gemeindereform — Prozeß an der Basis. S. 29 ff, Herder 1970.

Für das Verhalten der Jugendlichen ist diese These voll und ganz zu rechtfertigen. Vor die Alternative gestellt, ob Mitbestimmungsrecht und Demokratie in Kirche und Pfarrgemeinde Vorrang haben oder die Entscheidungsvollmacht besser je nach Bedeutung beim Pfarrer, Bischof oder Papst liegen soll, reagieren die Jugendlichen zwar differenziert aber eindeutig in Richtung Demokratisierung. Gemeint sind hier keine Glaubens- und Sittenfragen, denn sie stehen eigentlich weit weniger zur endgültigen Entscheidung an als reine organisatorische apostolische Fragen.

Die männlichen Jugendlichen der KG sagen dazu aus:

1. In der Pfarrgemeinde sollten Pfarrer und gewählte Laien gemeinsam entscheiden und die Verantwortung tragen (55 %).
2. An letzter Entscheidung sollten gewählte Laien gleichberechtigt mitwirken (54.4 %).
3. Ich bin grundsätzlich für völlige Demokratisierung und Mitbestimmung (42.3 %).
4. Letzte Entscheidung sollte der Papst gemeinsam mit Bischöfen treffen (17.4 %).

Die weiblichen Jugendlichen der KG nehmen wie folgt Stellung:

1. An letzter Entscheidung sollen gewählte Laien gleichberechtigt mitwirken (58.2 %).
2. In der Pfarrgemeinde sollten Pfarrer und gewählte Laien gemeinsam entscheiden und die Verantwortung tragen (51.6 %).

3. Ich bin für völlige Demokratie und Mitbestimmung (44.0 %).
4. Die letzte Entscheidung sollte der Papst gemeinsam mit Bischöfen treffen (16.5 %).

Aufschlußreich dabei ist, daß eine gewisse Entscheidungshierarchie anerkannt wird. Für völlige partnerschaftliche Mitbestimmung ist auf Gemeindeebene über die Hälfte der Jugendlichen.

Die FS sind in ihren Forderungen noch bestimmter. Jungen und Mädchen votieren hier nach Prioritäten völlig gleich, und zwar:

	m %	w %
1. Ich bin für völlige Demokratie und Mitbestimmung	61.9	55.5
2. An letzter Entscheidung sollten gewählte Laien gleichberechtigt mitwirken	44.4	42.1
3. In der Pfarrgemeinde sollten Pfarrer und gewählte Laien gemeinsam entscheiden und die Verantwortung tragen	34.7	41.7
4. Die letzte Entscheidung sollte der Papst gemeinsam mit den Bischöfen treffen	15.5	13.4

Für eine letzte Entscheidung allein durch den Papst plädieren von allen Befragten nur 5.3 %, für die Alleinbestimmung des Pfarrers bei der Arbeit der Pfarrgemeinde 5.0 %; daß Laien nicht mitentscheiden sollten, meinen nur 2.7 %.

Dies ist eine klare Absage an jeden autoritären Führungsstil, der überdies mittlerweile durch zahlreiche Forschungen als der am wenigsten effektive erkannt ist.

Jugend will also ihren freien Raum und die partnerschaftliche Mitgestaltung im Gemeindebereich — ein hoffnungsvoller Ansatz für die kirchliche Jugendarbeit und die Kirche überhaupt, wenn diese Partnerschaft und echte Mitbestimmung und Mitverantwortung des Laien ernsthaft wollen. Auf welche Bereiche sich die Mitbestimmung beziehen soll, geben Grafik E und Grafik F wieder.

In erster Linie wird eine Mitentscheidung beim Einsatz der Finanzen und in der Jugendarbeit gewünscht. In der KG votieren über 50 % ferner für eine Mitwirkung und Mitbestimmung in den caritativen Diensten, in Gottesdienst und Predigt und beim Pfarrbrief, bei der Wahl des neuen Pfarrers und der Einstellung hauptamtlicher Kräfte. Da die Wünsche nach Mitbestimmung bis in den liturgischen Bereich hineinreichen, ist es empfehlenswert, von

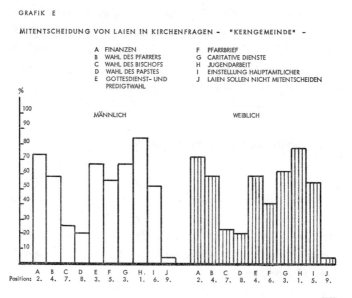

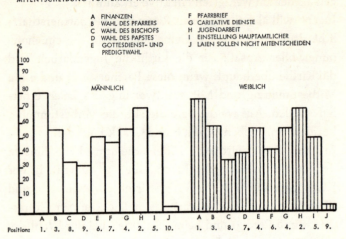

GRAFIK F
MITENTSCHEIDUNG VON LAIEN IN KIRCHENFRAGEN - "FERNSTEHENDE" -

A FINANZEN
B WAHL DES PFARRERS
C WAHL DES BISCHOFS
D WAHL DES PAPSTES
E GOTTESDIENST- UND PREDIGTWAHL
F PFARRBRIEF
G CARITATIVE DIENSTE
H JUGENDARBEIT
I EINSTELLUNG HAUPTAMTLICHER
J LAIEN SOLLEN NICHT MITENTSCHEIDEN

der Gemeinde aus zusätzliche Kommunikationsangebote zu machen. Das Interesse daran ist teilweise sehr erheblich, z. B. an Treffen und Gesprächen mit anderen Gemeindemitgliedern nach dem Gottesdienst (Grafik 13) 41 %, Predigtdiskussion (26 %) oder Predigtvorgespräch (8 %). Dies sind Einrichtungen, die bisher nur sporadisch in einzelnen Gemeinden gemacht wurden und die noch ziemlich ungewohnt sind. Die Jugend votiert im Vergleich zum Repräsentativ hier höher. So beispielsweise für Predigtvorgespräche mit 15 % und für Predigtdiskussionen nach dem Gottesdienst mit 31 %.

4. Effektivität der Dienste

Bei der Frage, welche Dienste der Pfarrgemeinde vordringlich der Verbesserung bedürfen, nennen die Jugendlichen besonders:

1. Jugendarbeit
2. Dienst an alten Menschen
3. Dienst an einsamen Menschen
4. Dienst an kranken Menschen
5. Kindergartendienst
6. Bessere Information über Leben und Veranstaltungen in der Gemeinde.[11]

Mag die Forderung nach besserer Jugendarbeit gruppenegoistisch erscheinen, im Prinzip handelt es sich aber um Votierungen, die auch von der übrigen kath. Wohnbevölkerung so gesehen werden.
Einsamkeit, Krankheit und Altwerden sind Probleme, die quer durch die Altersgruppen reichen (vgl. Grafik 6, Seite 30).
Um eine größere Effektivität zu erzielen, werden höchste Stimmenwerte dafür abgegeben, die Dienste ökumenisch durchzuführen (vgl. Grafik 14).

Die Jugendlichen votieren wie folgt:

	%
1. Gemeinsame Veranstaltungen	85.7
2. Gemeinsame Jugendarbeit	85.3
3. Gemeinsame Gemeindezentren	85.1
4. Gemeinsamer Dienst an Alten, Kranken und Hilfsbedürftigen	83.3
5. Gemeinsame Kindergärten	80.0
6. Gemeinsame Gottesdienste	79.9
7. Gemeinsame Kirchenbenutzung	72.2
8. Gemeinsamer Besuchsdienst	72.0
9. Gemeinsamer Religionsunterricht	68.7

11 Repräsentativerhebungen bei der kath. Wohnbevölkerung in Norddeutschland, IFK 1970

10. Gemeinsame Bibelarbeit	64.9
11. Gemeinsame Begrüßung Neuzugezogener	63.5
12. Gemeinsame Seelsorge	58.4
13. Gemeinsame Pfarrämter	51.0

Eine noch deutlichere Aussage zur gewünschten ökumenischen Arbeit im praktischen Vollzug ist kaum möglich. Die Jugendlichen wissen aber, daß ihre Votierungen reines Wunschdenken bedeuten. Über ökumenische Kontaktgespräche, einige Bibelkreise und gemeinsame Gottesdienste zu besonders vereinbarten Anlässen ist die ökumenische Arbeit bisher kaum hinausgekommen. Versuche, beim Bau neuer Gotteshäuser oder Gemeindezentren »alles unter ein Dach« zu bringen, sind immer wieder gescheitert.

Von den Verantwortlichen in beiden Konfessionen muß dieser Appell der Jugend in seiner Bedeutung für die Zukunft der christlichen Kirchen erkannt werden.

Nun könnten solche Forderungen nach Diensten der Kirche einem reinen Konsumverhalten entsprechen. Man fordert zwar viel von der Kirche, ist selbst aber kaum zum Engagement bereit.

Im Zusammenhang mit den Diensten wurde den Jugendlichen deshalb die Frage gestellt:

TABELLE 10

Bereitschaft zur Mitarbeit

In vielen Pfarrgemeinden ist heute der Dienst an alten, kranken, einsamen Menschen, der Besuchsdienst an Neuzugezogenen, die Kinderbetreuung usw. zu einer vordringlichen Aufgabe geworden. Wären Sie selbst grundsätzlich bereit, an einigen Stunden Ihrer Freizeit in einem solchen Dienst nach Ihrer freien Wahl mitzuwirken?

	KG		FS	
	m %	w %	m %	w %
ja	57.7	59.9	26.9	32.0
das kann ich noch nicht genau sagen	24.2	25.8	37.0	41.3
nein	16.1	12.6	32.7	25.1
keine Aussage	2.0	1.7	3.4	1.6

Entscheidend für die tatsächliche Mitarbeit werden der Arbeitsstil und die Methode sein. Selbstverständlich wird hier die partnerschaftliche Mitarbeit auf Teamebene vorausgesetzt. Im herkömmlichen Hilfsarbeiterstil (»Helferkreis«) ist keine Kontakt- und Kommunikationsebene zu Jugendlichen möglich.

Meist scheitern Versuche, neue Mitarbeiter zu gewinnen, an der Skepsis der hauptamtlichen Funktionäre. Sie sind auch kaum bereit, Verantwortung abzugeben, Arbeit sinnvoll zu delegieren.

Ferner wird vom nebenamtlichen Mitarbeiter der Nachweis strenger Kirchlichkeit verlangt. Erst geistliche Besinnung (Einkehrtag, Exerzitien), dann Apostolat, — wobei die praktische Zurüstung für den Dienst mangels Fachkenntnis nur ganz selten vermittelt wird.

Häufig wurde in Interviewergesprächen nach Ablauf des Interviews von den Befragten bedauert, daß in der Kirche alles mit Amateuren gemacht werden muß, weil angeblich keine Mittel frei sind. Jugend will aber heute sachbezogene Arbeit, bei der sie auch etwas »profitieren« kann.[12]

Notwendigkeit der Kirchensteuer

Inwieweit die Jugend bereit sein wird, die Kirche finanziell künftig mitzutragen, läßt sich an der Frage nach der Notwendigkeit bzw. Überflüssigkeit der Kirchensteuer ablesen. In der Zielgruppe FS (»Fernstehende«) männlich halten 70.7 % die Kirchensteuer im Vergleich mit anderen Steuern an erster Stelle für überflüssig, die FS weiblich votieren mit 59.1 % gegen die Kirchensteuer.
Hier zeigen sich erhebliche Schwellenwerte und Informationslücken, die auf das Konto des bisherigen Verhaltens der Kirche gehen. In der KG (»Kerngemeinde«) sind von den männlichen Befragten immerhin schon 45.6 % und von den weiblichen Befragten 40.7 % der Meinung, daß die Kirchensteuer überflüssig sei.
Schließlich läßt sich die Kirchlichkeit noch messen an Problemen, deren Lösung bzw. Behandlung die Jugendlichen von der Synode erwarten:

	%
1. Mischehenfrage	80.7
2. Zölibat — Ehelosigkeit der Priester	75.8
3. Beichtpraxis — noch zeitgemäß?	62.3
4. Mitentscheidung der Laien	49.3
5. Verbesserung der Jugendarbeit	49.1
6. Verwendung der Kirchensteuer	46.5

12 S. als Methodenschritt: Th. Hauser, Das Gruppengespräch in der Gemeinde, Lahn-Verlag, Limburg 1970.

7. Verstärkung ökumenischer Zusammenarbeit 39.8
8. Entwicklungshilfe in Ländern der Dritten Welt 38.4
9. Dienst an Kranken 25.0
10. Dienst an Alten 24.7
11. Dienst an Einsamen 23.9
12. Dienst an den der Kirche entfremdeten
Menschen 22.7

Dieser Katalog ist gewissermaßen eine Zusammenfassung der Interessen und der Vorurteile der Jugendlichen gegenüber der Kirche.

IV. Kirchliche Jugendarbeit

Bei repräsentativen Image-Analysen kommt zum Ausdruck, daß große Unsicherheit in der Beurteilung kirchlicher Jugendarbeit herrscht.
Auf die Frage, ob die derzeitige Form der Jugendarbeit in Kirche und Pfarrgemeinde richtig und zeitgemäß oder überholt und reformbedürftig ist, konnten im Bundesdurchschnitt folgende Werte ermittelt werden:

Kirchliche Jugendarbeit ist

	Gesamtergebnis %	KG %	FS %
zu weltlich und unkirchlich	3.4	3.8	3.1
richtig und zeitgemäß	32.2	42.5	25.7
überholt und reformbedürftig	33.7	29.4	36.5
keine Aussage	30.7	24.3	34.7

Die hohe Aussageverweigerung zeigt, daß man die derzeitige Jugendarbeit zu wenig kennt, also keine Information darüber besitzt. Die »Kerngemeinde« beurteilt grundsätzlich alles, was die Kirche unternimmt, positiver, so auch hier. Man sieht die Jugendarbeit eher als zeitgemäß denn als reformbedürftig an, obwohl rund 30 % für eine Reform sprechen. Die »Fernstehenden« neigen eher zu der Meinung, daß die derzeitige Jugendarbeit überholt sei und erneuert werden müsse.

1. Ist kirchliche Jugendarbeit notwendig?

Im Rahmen der Erhebung in der Erzdiözese Paderborn wurde nach der Notwendigkeit und der zeitgemäßen Form kirchlicher Jugendarbeit gefragt.

Auch hier ist das Image gespalten, d. h. der Informationswert ist sehr schmal. Außerdem sind diese Erfahrungen sehr heterogen, wie die Jugendarbeit selbst. Generell wird sie aber in allen Zielgruppen als notwendig erkannt (vgl. Tabelle 11).

TABELLE 11

Notwendigkeit kirchlicher Jugendarbeit

Halten Sie die kirchliche Jugendarbeit grundsätzlich für notwendig und zeitgemäß, oder für überflüssig und nicht mehr zeitgemäß?

	KG		FS	
	m %	w %	m %	w %
notwendig	67.1	63.2	37.4	34.8
noch notwendig	20.8	18.1	26.6	31.2
überflüssig	9.4	9.9	26.3	23.9
keine Aussage	2.7	8.8	9.8	10.1
zeitgemäß	46.3	47.3	22.6	21.5
noch zeitgemäß	23.5	24.7	26.6	34.4
nicht mehr zeitgemäß	20.1	15.4	41.8	32.8
keine Aussage	10.1	12.6	9.0	11.4

Die »Fernstehenden« artikulieren allerdings mit 26.3 % (männlich) und 23.9 % (weiblich), daß kirchliche Jugendarbeit überflüssig wäre. Dies unterstreicht den vorher dargestellten Trend über mangelndes Interesse an kirchlichen Jugendgruppen.

Die zeitgemäße Form der Jugendarbeit ist noch umstrittener. Praktisch verläuft eine Meinungskurve von der KG weiblich mit der Votierung »zeitgemäß« (47.3 %) über KG männlich (46.3 %) zu der Äußerung in der Zielgruppe der FS weiblich »noch zeitgemäß« (34.4 %) bis zu der negativen Haltung der FS männlich mit »nicht mehr zeitgemäß« (41.8 %).

Kirchliche Jugendarbeit wird es also überhaupt schwer haben, in der Zielgruppe, die gleichzeitig Subjekt und Objekt ihrer Aufgaben ist, notwendigen breiten Anklang zu finden.

Die unklaren Vorstellungen reichen auch in die verschiedenen Altersgruppen hinein. Während die 18jährigen, 20jährigen und 23- bis 24jährigen kirchliche Jugendarbeit als zeitgemäß bezeichnen, signalisieren die 16- und 17jährigen mit »nicht mehr zeitgemäß« und die 19- bis 21jährigen mit »noch zeitgemäß«.

Um die allgemeine Basis für potentielle Altersgruppen für die Jugendarbeit herauszufinden, sollten die befragten Jugendlichen selbst in einer Skala für Jungen und in einer Skala für Mädchen einstufen, für welches Alter nach ihrer Meinung kirchliche Jugendarbeit am besten geeignet ist. Die Skala reichte von 6 bis 25 Jahre. Das Ergebnis ist überraschend:

Schwerpunkt bildet die Altersgruppe *14 Jahre* für Jungen und Mädchen, so wird in allen Altersgruppen durchgehend votiert. Das heißt, die kirchliche Jugendarbeit wird für jüngere, fast für die Kinderstufe, als am besten geeignet angesehen. Diese Zielgruppe war in die Befragung nicht mehr mit einbezogen.

Soll also kirchliche Jugendarbeit nur noch für Kinder da sein? Im Prinzip sagen über 50 % aller Befragten aus, daß die Altersgruppen für kirchliche Jugendarbeit bei Jungen zwischen 10 und 16 Jahren, bei Mädchen zwischen 10 und 15 Jahren liege. Ab 20 Jahren ist die 20 %-Grenze der Votierungen bereits wesentlich unterschritten.

Zeigt die Praxis ein ähnliches Bild? Kommt die Jugendarbeit über die Kinderstufe nur noch selten hinaus, und ist bei 18 bis 20 Jahren eine Grenze erreicht?

2. *Vorstellungen von Leitungsmodellen*

Lange Zeit war einer der Kernsätze kirchlicher Jugendarbeit: Jugend führt Jugend. Gilt diese Auffassung auch heute noch?

Nach dem Leitungsstil kirchlicher Jugendarbeit befragt, ergab sich quer durch alle Zielgruppen ein eindeutiger Trend.

Die kirchliche Jugendarbeit sollten leiten:

1. Pädagogisch geschulte Jugendleiter (Erwachsene)
2. Pädagogisch geschulte Jugendliche

Im Gesamtergebnis sehen die Vorschläge wie folgt aus:

	%
1. Pädagogisch geschulte Jugendleiter (Erwachsene)	47.8
2. Pädagogisch geschulte Jugendliche	46.5
3. Ein von Jugendlichen gewählter Vorstand	31.9
4. Ältere Jugendliche aus der Gruppe	31.8
5. Selbstverantwortung der Gruppe	20.2
6. Erwachsene Laien	18.2
7. Der Pfarrer	15.0
8. Ein von der Pfarrgemeinde gewählter Vorstand	3.7
9. Ein von der Pfarrgemeinde bestimmter Vorstand	1.8
10. Ein vom Pfarrer bestimmter Vorstand	1.1

Jede von der Gemeinde vorgesetzte Person wird rundweg abgelehnt. Zumindest wollen die Jugendlichen durch Wahl ihre Führungskräfte mitbestimmen. Für die praktische Arbeit heißt dies, daß von Pfarrgemeinderäten bestimmte Jugendausschüsse ebenfalls abgelehnt werden. Die Jugend will sich selbst darstellen und Mitverantwortung in der Gruppe tragen. Als bedeutsame Konsequenz verlangt dies, daß Jugendleiter gruppenpädagogische Ausbildung und Erfahrung besitzen müssen, wenn sie das volle Vertrauen der Jugendlichen gewinnen wollen.

Die gewünschte Gruppenform sind *gemischte Gruppen* aus Jungen und Mädchen, und zwar von Anfang an. Das Verhältnis der Geschlechter zueinander ist von einer zunehmenden Ungezwungenheit gekennzeichnet. Rund 80 % aller Jugendlichen votieren für gemischte Gruppen, und rund 50 % für solche von vornherein. Besonders hoch wird letztere Auffassung von der Zielgruppe der »Fernstehenden« vertreten.

Hier erhebt sich die Frage, wie und ob diesen Vorstellungen entsprochen werden kann. Setzt dies nicht besonders geschulte Kräfte in der Leitung voraus? Außerdem fehlen selbst noch in den Leitungsteams weibliche Führungskräfte. Schon bei Tagungen Hauptamtlicher sind erschreckend wenig Damen vertreten.

3. Zielsetzung kirchlicher Jugendarbeit

Mit welchen Zielen identifizieren Jugendliche die kirchliche Jugendarbeit, und welches Programm erwarten sie von dieser? Beide Fragenkomplexe sollten abschließende Kriterien zum gesamten Problembereich aufdecken.
Tabelle 12 gibt einen Überblick über richtige Zielsetzung kirchlicher Jugendarbeit nach Meinung der Jugendlichen selbst.

TABELLE 12

Ziel kirchlicher Jugendarbeit

	KG		FS	
	m %	w %	m %	w %
Ziel sollte der Dienst an Alten, Kranken und Einsamen sein	39.6	41.8	28.6	33.2
Ziel sollte Unterstützung des Pfarrers bei der Gemeindearbeit sein	14.0	14.8	8.1	10.1

Ziel sollte die Zusammenarbeit mit der Pfarrgemeinde in allen sozialen Diensten sein	34.9	35.2	25.6	23.1
Ziel sollte sein, gleichaltrigen Jugendlichen Anlaß zu geben, sich zu treffen, auszusprechen und kennenzulernen	75.2	75.8	52.9	59.0
Ziel sollte sein, gleichberechtigtes Teamwork in gemeinsamen Aufgaben zwischen Jugendlichen und Erwachsenen üben zu können	55.0	59.9	45.8	39.7
Ziel sollte sein, Jugendliche an gemeinsam interessierenden Aufgaben zusammenarbeiten zu lassen	65.8	61.5	50.5	51.0
Ziel sollte fröhliches und zwangloses Zusammensein von Jugendlichen in der Freizeit sein	59.7	59.3	51.2	49.4
Ziel sollte sein, junge Menschen in Gemeinschaft auf das Leben als Erwachsene vorzubereiten	47.0	41.8	34.0	32.0
Keines dieser Ziele ist richtig	0.7	—	4.7	1.6
Alle diese Ziele sind richtig	8.7	12.1	10.1	10.2
Keine Aussage	—	0.5	5.4	6.9

Im Vergleich mit den Aussagen nach Altersgruppen ergibt sich die gemeinsame Basis nur in 4 Bereichen:

1. Ziel sollte sein, gleichaltrigen Jugendlichen einen Anlaß zu geben, sich zu treffen, auszusprechen und kennenzulernen.

2. Ziel sollte sein, Jugendliche an gemeinsam interessierenden Aufgaben zusammenarbeiten zu lassen.
3. Ziel sollte fröhliches und zwangloses Zusammensein von Jugendlichen in der Freizeit sein.
4. Ziel sollte sein, gleichberechtigtes Teamwork in gemeinsamen Aufgaben zwischen Jugendlichen und Erwachsenen üben zu können.

Fast deckungsgleich sind die *Programmerwartungen* der Jugendlichen:

TABELLE 13

Programmerwartungen

Was würden Sie persönlich vom Programm einer kirchlichen Jugendgruppe vor allem erwarten?	KG		FS	
	m %	w %	m %	w %
Die Möglichkeit, Sport zu treiben	31.5	20.3	26.3	19.8
Informationen und Bildung in theologischen und Glaubensfragen	53.0	52.7	31.6	33.2
Reichhaltige und preiswerte Urlaubsangebote	26.2	23.6	23.2	22.3
Diskussionen über politische Fragen	60.4	46.7	48.1	41.7
Gemeinsame Gottesdienste	46.3	52.7	24.6	25.1

Möglichkeiten gemeinsamer und interessanter Freizeitgestaltung	67.1	65.9	53.9	53.0
Zusammensein mit gleichaltrigen Menschen	53.0	53.3	47.8	45.7
Möglichkeiten, gemeinsam Alten, Kranken und Hilfsbedürftigen zu helfen	38.3	40.7	29.6	30.8
Diskussionen über soziale Fragen	54.4	52.2	40.7	44.9
Wochenendausflüge und Reisen	49.7	41.2	38.0	34.4
Tanzveranstaltungen	57.7	46.2	42.1	44.1
Angebote zum Besuch von Theater, Konzert, kulturellen Veranstaltungen	43.6	47.3	29.6	36.8
Demokratische Selbstverwaltung und Selbstverantwortung	45.6	33.0	38.7	34.0
Teamarbeit und gemeinsam geplante und durchgeführte Aktionen	68.5	69.2	50.8	45.3
Kein Interesse — keine Erwartungen	—	1.6	11.1	9.3
Keine Aussage	—	0.5	1.3	1.6

Die befragten Jugendlichen erwarten demnach vorwiegend von kirchlicher Jugendarbeit folgende Angebote:

1. Möglichkeiten gemeinsamer und interessanter Freizeitgestaltung
2. Teamarbeit und gemeinsam geplante und durchgeführte Aktionen
3. Zusammensein mit gleichaltrigen Menschen

Für alle anderen Programmwünsche sind stark unterschiedliche Motivationen vorhanden. Interessant ist noch der hohe Stellenwert für Diskussionen über politische und soziale Fragen.
In der »Kerngemeinde« wird von über 50 % der männlichen und weiblichen Jugendlichen Information und Bildung in theologischen und Glaubensfragen verlangt. Das soziale Engagement kommt eigentlich sehr spärlich dabei weg; im Schnitt liegt es bei 33 %.
Wiederum tauchen hier gruppenegoistische Ansprüche auf. Der Jugendliche muß und will zunächst einmal seine eigenen Probleme bewältigen. Im Grunde artikuliert dies alles eine große Kommunikationskrise innerhalb der Jugend selbst, als Gruppe innerhalb der Gesellschaft und besonders im Verhältnis zur Kirche.

Es wird nach dieser Situationsanalyse notwendig sein, den eigenen Standort zu überprüfen. Welche Zielvorstellungen sind in der Kirche über die heutige Jugendarbeit vorhanden? Finden sich Ansatz- und Berührungspunkte mit den hier signalisierten Bedürfnissen der Jugend?
Ist es Aufgabe der Kirche, werden Theologen fragen, für die Jugend Freizeit zu gestalten? Machen dies nicht andere Institutionen in unserer Gesellschaft besser? Wo kann denn hier noch das pastorale Anliegen gesehen werden?
Eine perfekte Gesellschaft gibt es sowohl innerhalb wie außerhalb der Kirche nicht. Soziologisch und psychologisch betrachtet ist die Kirche immer unvollendet. Noch existiert ein gewisser Bereich von »Kernkirche«, — aber ist deren Ausstrahlungskraft noch groß genug, um auf einen gesellschaftlichen Einfluß zu spekulieren? Oder ist die geistliche Kraft der Kirche nicht wesentlich größer als die wenigen Getreuen es deutlich machen können?

Die Jugendlichen fordern die Kirche zur selbstkritischen Überprüfung ihrer Situation heraus. Welche Antwort und welches Angebot erhalten jene Menschen von ihr, die in loser Form mit ihr in Verbindung stehen, ihr aber innerlich widersprechen und eine stille aber stetige Emigration betreiben?

Ist dieses Image bei den Jugendlichen nicht eine existentielle Herausforderung für die Kirche überhaupt? Irgendwie befindet sich die Einstellung der Jugend zur Kirche in einer Art Schwebezustand. Man weiß nicht ganz genau, wie man über die Kirche denken, über ihr Wirken urteilen soll.

Glaube muß gerade in unserer heutigen Zeit der Unsicherheit und des Mißbehagens ein *erfahrbarer Wert* sein. Die Jugend sucht diese Erfahrung in besonderem Maße. Zwar sind immer mehr Theologen der Meinung, daß Glaube Risiko bedeutet; doch wer kann auf die Dauer mit einem solchen Risiko leben? — Die Glaubensfrage verlangt eine ständige Kommunikation von Mensch zu Mensch, in Gruppen und unter Gruppen.

Evangelium muß zum *Lebensvollzug*, zum lebensorientierenden Element werden. So gesehen erscheinen die Forderungen der Jugendlichen nach Geselligkeit, Miteinander-Sprechen, Sich-Kennenlernen, nicht als Mißverständnis, sondern eher als Ansatzpunkt menschlicher Lebenshilfe aus christlicher Sicht.

V. Ein Image und seine Konsequenzen

Sobald der Glaube verkündet wird, greift er in den Bereich der öffentlichen Meinungsbildung ein, denn der praxisbezogene Glaube und seine Konsequenzen im sichtbaren Handeln erfaßt die Gegenstände unseres weltlichen

Denkens, Fühlens und Wollens. Hier gibt es das Feld der Meinungen, weil die Frage nach dem richtigen Handeln verschieden beantwortet werden kann. Darum gibt es keine Verkündigung ohne Wirkungen im Bereich der Meinungsbildung, es sei denn, daß die Verkündigung in der künstlichen Atmosphäre eines Ghettos stattfindet. Die Öffentlichkeit und ihre Meinungen dürfen Theologen deshalb nicht ignorieren oder als notwendiges Übel abtun, sondern sie sind als eine vorhandene Größe aufzunehmen und zu verarbeiten.

Wo diese Bereitschaft zunächst einmal vorhanden ist, kann man neue Wege der Bewußtseinsbildung einschlagen. Geschieht das nicht, so wird trotz Übernahme modernerer Begriffe alles beim alten bleiben.

Meinungsbildung ist natürlich kein Ersatz für Verkündigung. Darum dürfen weder die Methoden der Werbung noch der Propaganda für die kirchliche Arbeit Anwendung finden. Die Kirche hat keine Ware oder bloße Dienstleistung zu verkaufen (= Werbung), noch kann sie mit ideologischen Behauptungen die Informationen manipulieren, ohne Rücksicht auf ihren Wahrheitsgehalt (= Propaganda).

Was bedeuten also die öffentlichen Meinungen für die Verkündigung? Meinungsbildung kann immer nur Hilfe zum Glauben sein, gewissermaßen Voraussetzung, in dienender Funktion, so wie Glauben und Meinen nicht dasselbe sind, aber viele Gemeinsamkeiten haben.

Wenn das Klima der öffentlichen Meinungen der Verkündigung entgegensteht, kann systematisierte Meinungspflege Raum für diese Verkündigung frei machen.

Dies kann aber nicht mit Kniffen und »psychologischen Taschenspielereien« geschehen.

Tatsache ist, daß in der Öffentlichkeit immer weniger von kirchlicher Verkündigung die Rede sein kann, jedenfalls

von Verkündigung, die effektiv wirkt. Woran liegt es also, daß die Menschen das Evangelium nicht mehr für ihr Leben als Maßstab nehmen? Ist die Botschaft zu wenig bekannt?
Analysen unseres Instituts beweisen das Gegenteil. Die Öffentlichkeit kennt sehr gut die Inhalte der Botschaft. Sie mißt damit sogar diejenigen, die von sich sagen, daß sie überzeugt danach leben wollen, in ihrem tatsächlichen Verhalten und stellt dabei Widersprüche fest. Sind also die Verkündiger nicht mehr glaubwürdig?

Die hier vorgelegte Image-Analyse der Kirche bei Jugendlichen machte deutlich, daß die Institution Kirche in eine gefährliche Zone des Mißtrauens geraten ist. Für wirksame Verkündigung muß deshalb neues *Vertrauen* aufgebaut werden. Vertrauen ist Voraussetzung für Glauben. Um diese breite Basis gegenseitigen Vertrauens (Institution und Jugend) herzustellen, kann die Methodik pastoraler Öffentlichkeitsarbeit Hilfen geben.

Verständliche und nachvollziehbare Verkündigung braucht deshalb folgende Voraussetzungen:

1. Kenntnis der Situation (durch Situationsanalysen)
2. Aktualisierung des Evangeliums (Verkündigung als Information)
3. Glaubwürdigkeit des Verkündigers (Leitbildfunktion), seine Kommunikationsbereitschaft und Entschlossenheit zum Dienst.

Wer »über die Köpfe hinweg« predigt, muß sich nicht wundern, daß ihm nur stumme Duldung entgegenschlägt. Man kann auch nicht ständig von Mündigkeit reden und in der Praxis vielleicht Gott danken, daß nur wenige kritische Personen ihre Vorstellungen artikulieren. Solange Vertreter der Institution äußern, daß ihnen drei gehorsame Mitarbeiter lieber sind als zehn kritische, was soll dann alle Diskussion über Erneuerung und Öffnung der Kirche?

Allgemeine Regeln für eine effektivere Jugendarbeit sind deshalb:

1. Verbesserung der Informationsbasis

Wir haben festgestellt, daß die Jugendlichen am Informationsfluß in unserer Gesellschaft regen Anteil nehmen. Sie lesen viel und diskutieren gerne. Kirchliche Jugendarbeit benötigt daher eine Stelle für Öffentlichkeitsarbeit, die die Medien mit Informationen entsprechend bedient, zu den betreffenden Abteilungen in Rundfunk und Fernsehen und zu Redaktionen der Tagespresse, Fachpresse und Zeitschriften regelmäßige Kontakte unterhält. Diese Stelle muß ständig über die Situation der Jugend informiert sein und Verbindungen zwischen Jugend und institutioneller Kirche, zwischen den Generationen herstellen sowie Hilfen für die Berufswelt und die Freizeitwelt geben.

Unter Anleitung von Fachleuten aus dem Bereich der Public Relations sind neue Informationsträger zu schaffen. Der Einsatz verschiedener Medien ist von der jeweiligen Aufgabenstellung abhängig. Mit generellen Hinweisen auf Plakaten, Handzetteln, Schaukästen, Flüstertüten usw. ist hier nichts erreicht.

Informelle Gruppen und regelrechte »Meinungsführer« müssen ausgebildet werden und in Kooperation mit der Stelle für Öffentlichkeitsarbeit verschiedene Zielgruppen systematisch mit Informationen versorgen, z. B. die Geistlichen, die Pfarrgemeinderäte, die Vorsitzenden der Verbände u. a.

Hauptamtliche Mitarbeiter sollen für die kirchliche Jugendarbeit die kirchlichen Informationsträger zugänglich machen. Dies beginnt mit einer Darstellungsmöglichkeit im Diözesanblatt bis hin zum Gemeindebrief.

Schließlich wird das Anliegen der Verantwortlichen in einer einführenden und begleitenden Medienkunde für die Jugend zu sehen sein. Diese darf sich nicht im reinen Vermitteln technischen Wissens über die Massenmedien erschöpfen. Geistige Hintergründe, Rollenfunktion der Medien in Demokratie, Gesellschaft und Kirche müssen vielmehr Schwerpunkte bilden. Die Aufgabenstellung für Medienkunde für Jugendliche ist eine dreifache:

a) Erlernen und begreifen der Wort-Bild-Sprache,
b) Hilfen zur Urteilsfähigkeit und Auseinandersetzung mit den Inhalten geben,
c) Anregungen bereithalten zum sinnvollen Gebrauch der Medien.

Neue Forschungserkenntnisse der Kommunikationswissenschaft müssen Grundlage solcher Wissensvermittlung sein. Am effektivsten sind Werkkurse für Führungskräfte in Zusammenarbeit mit Pädagogen, Kommunikationsforschern, Journalisten und Theologen.

2. Verbesserung der Kommunikationsbasis

Kommunikation ist ein grundlegender sozialer Vorgang. Ohne Kommunikation gibt es keine menschlichen Gruppen und Gesellschaften. Neben der interpersonalen Kommunikation ist die Massenkommunikation in unserer Gesellschaft deutlich ausgeprägt. In beiden Formen der Kommunikation werden Mitteilungen ausgeprägt, die ihrerseits Reaktionen hervorrufen. Zeichen und Worte haben jeweils nur die Bedeutung, die ein Mensch mit seinen Erfahrungen in sie hineindenken kann.

So kann jeder Mensch nur im Rahmen seiner Bezugssysteme kommunizieren, weshalb es ja so viele Schwierigkeiten der Verständigung untereinander gibt. Eine wissenschaftliche Situationsanalyse gibt erste Signalwerte auf bestehende Bezugssysteme von befragten Zielgruppen.

Jeder Mensch erhält aber in den industriellen Gesellschaften mehr Mitteilung als er empfangen kann. Ob er unsere Information hört, ist davon abhängig, wie leicht unsere Nachricht für ihn zugänglich ist und welchen Nutzen er sich davon verspricht.

Die Intensität einer Kommunikation kann immer an ihrer Rückmeldung (feed back = Information vom Empfänger zum Kommunikator — Sender) gemessen werden. Ist sie sehr schwach, wird der monologische Charakter des verfehlten Dialoges sichtbar.

Da die Kirche den Auftrag hat, im Geiste des Evangeliums Bekehrungen beim Menschen zu veranlassen, kann sie dies ohne verstärkte Kommunikation gar nicht wahrnehmen. Kommunikation, die von glaubwürdigen Quellen ausgeht, kann Wandlungen herbeiführen.

Nicht jedes Gespräch aber ist Kommunikation. Hier muß der Rat des Fachmannes einsetzen, der die verantwortlichen Führungskräfte in die Kommunikationstechnik einführt und an einem praktischen Modell aufzeigt, wie man wirksame Kommunikation erreicht, wie man sich klar ausdrückt und verständlich macht usw.

Einübung von Toleranz in allen Altersgruppen, Ständen und Berufszweigen innerhalb und außerhalb der Kirche muß die wichtigste Formel für die Bewußtseinsbildung kirchlicher Jugendarbeit sein. Hier liegt die eigentliche Wurzel des Übels, weshalb Jugendliche und Erwachsene keine Verständnisbasis finden. Die Massenmedien, Begegnungen in der Berufs- und Freizeitwelt sind Faktoren und gleichzeitig Spielfelder des Einübens von Toleranz.

Die hauptamtlichen Jugendleiter haben dabei eine kompetente Dolmetscherfunktion zwischen den Zielgruppen zu übernehmen. Ohne pädagogische Ausbildung kann heute niemand Jugendarbeit betreiben, die diesen Namen auch zu Recht verdient.

Die kirchliche Jugendarbeit muß neue Kommunikationszentren schaffen, Wege und Brücken bauen von Jung zu Alt. Für den Abbau von falschen Verhaltensweisen in den verschiedenen Strukturen kann eine Situationsanalyse Hinweise liefern.

Wo festgefahrene autoritäre Strukturen in den Territorialgemeinden vorhanden sind, wird eine Jugendarbeit nicht möglich sein. Der partnerschaftliche Wille und die Forderung nach Mitbestimmung und Demokratisierung im Kommunikationsbereich der Kirche ist bei der Jugend so ausgeprägt, daß andere Formen strikt abgelehnt werden.

So muß in der Realität ein Teil der Jugendarbeit außerhalb der Territorialgemeinde stattfinden. Man kann sagen, daß die kirchliche Jugendarbeit nur Chancen bei der Jugend findet, wenn sie eine Art Personalgemeinde aufbaut, wie man dies von bestimmten Zielgruppen in der Kirche, z. B. Studenten, Bundeswehr u. a. schon kennt. In diesem freien, der Jugend gemäßen Raum, ließen sich Strukturen schaffen, die von der Jugend selbst akzeptiert und mitgestaltet werden.

Damit aber solche Personalgemeinden keine esoterischen Zirkel bilden und nur noch gruppenegoistisch ausgerichtet werden, muß die kirchliche Jugendarbeit insgesamt innerhalb der Gesamtkirche funktionale pastorale Aufgaben wahrnehmen. Sie ist gewissermaßen die spezialisierte Gruppe einer aufzubauenden »Kirche der Jugend«.

3. Verbesserung der Dienste

Offene Jugendarbeit wird häufig als anonymes Vorfeld der Jugendseelsorge betrachtet. Während Veranstaltungen mit rein »profanem« Unterhaltungscharakter gut besucht werden, fällt es dagegen schwer, die Kurse zur Bildungsarbeit zu füllen.
Es kann nicht die Aufgabe des Jugendseelsorgers sein, immer die kurzen Hosen zu tragen und den Qualitätsnachweis durch besonders begabte Sportlichkeit in der Fußballmannschaft der Kinderstufe zu liefern. Falsche Anbiederung wird von der Jugend mit überzogenen Forderungen beantwortet. Sie schafft keineswegs Vertrauen. Wenn Unterhaltung und Freizeitangebote nur Mittel zum Zweck sind, um an die Jugendlichen überhaupt heranzukommen, müssen sie in ihrer Sinnfrage überprüft werden.

Was will die kirchliche Jugendarbeit? Diese Frage konnte bisher von der Kirche selbst nicht befriedigend beantwortet werden. In der Diözese Rottenburg konnte z. B. auf der Jugendseelsorgertagung 1971, an der rund 150 Geistliche teilnahmen, keine verbindliche Aussage gefunden werden. Die Meinungen gehen zu sehr auseinander. Gleiche Begriffe werden mit verschiedenen Inhalten gefüllt. Und sofort werden Grundsatzdebatten ausgelöst: Was ist Kirche? Gemeinde? Jugendarbeit mit oder an der

Jugend? usw. Bedeutet kirchliche Jugendarbeit Konfrontation mit Christus, oder soll sie Jugendlichen die Möglichkeit geben, die Lösung von Konflikten und Verantwortung im sozialen Verhalten einzuüben?

Auch in diesem Interessenstreit und in der verschwommenen Zielvorstellung kann nur eine interne Analyse weiterhelfen und die gemeinsame Basis von Pädagogen, Jugendpflegern, Sozialarbeitern, Jugendleitern, Theologen und Jugendlichen herausfinden.

Über die Hälfte der Jugendlichen im untersuchten Raum formulierten als Zielsetzung kirchlicher Jugendarbeit:

1. Jugendliche an gemeinsam interessierenden Aufgaben zusammenarbeiten lassen,
2. fröhliches und zwangloses Zusammensein von Jugendlichen in der Freizeit,
3. gleichaltrigen Jugendlichen Anlaß geben, um sich treffen, aussprechen und kennenlernen zu können.

Die Programmerwartungen sind ebenfalls danach ausgerichtet.

Sind dies Ziele, die mit den Vorstellungen der Kirche vereinbar sind, oder würde ein Entsprechen dieser Bedürfnisse falsche Anpassung bedeuten? Es ist sicher auch eine Frage der Methode und nicht allein des Inhalts, ob die Jugend an Angeboten der Kirche Interesse bekundet. Man kann Aufgaben zentral unter Funktionären ausknobeln und in Form eines »Tagesbefehls« an die Gruppen weitergeben. Man kann die Aufgaben analytisch feststellen und in Zusammenarbeit mit den Jugendlichen vor Ort Aktionen entfalten. Letzteres artikuliert die Jugend in ihren Aussagen über Leitungsmodelle in der Jugendarbeit.

Die Bereitschaft zum Engagement wird nur dann zu finden sein, wenn die logische Einsicht in die Notwendigkeit einer Aufgabe vermittelt wird, wenn die Jugend in freier Wahl ihre Rolle innerhalb einer solchen konzertierten Aktion übernehmen kann und wenn *Sachaufgaben* im Mittelpunkt stehen.

Ohne Mitarbeit Erwachsener ist deshalb Jugendarbeit nicht denkbar. Sie würde auch die erforderliche Kommunikation unter den Generationen vermissen lassen.

Die erste Phase muß der Ausbildung erwachsener Führungskräfte gewidmet sein, die gruppendynamisch orientiert werden und ihren Sachbeitrag mit pädagogischem Geschick wahrnehmen können. So ist für diese Mitarbeitergewinnung ein Netz von hauptamtlich geschulten Kräften Voraussetzung. Sie sollen in sogenannten Leitungsteams die neben- und ehrenamtlichen Führungskräfte begleitend weiterbilden, Erfahrungsaustausch pflegen, innerhalb der Hierarchie vermittelnd wirken und Raum für die Arbeit, Verständnis und Vertrauen nach innen und außen schaffen.

Soweit sich der Klerus an diesen Aufgaben beteiligt, muß auch er über Kenntnisse moderner Pädagogik verfügen und im Kommunikationsvorgang mit Jugendlichen ausgebildet sein.

In der Zukunft wird die Jugendarbeit nur durch kooperatives Teamwork effektiv vollzogen werden können. Muster dafür gibt es leider nicht. So müssen Modellsituationen geschaffen werden, die in überschaubaren Räumen anzulegen sind.

Man kann nicht nachdrücklich genug die Entscheidungsträger für kirchliche Jugendarbeit auf diese neuen Bedingungen hinweisen und auffordern, neue Wege zu versuchen. Von den heute lebenden Menschen ist fast die Hälfte, d. s. 2 Milliarden, Jugendliche und Kinder. Wie werden sie die Zukunft gestalten?

Wolfdieter Theurer

Theologische Perspektiven zum Kirchenbild der Jugend

Mit »Kirchenbild der Jugend« sind die Ergebnisse der in diesem Buch dokumentierten und ausgewerteten Umfragen angesprochen. Was soll es allerdings — so mag sofort eingewandt werden — für einen Sinn haben, den demoskopischen Befund — spricht er nicht selbst schon eine sehr deutliche Sprache? — theologisch zu garnieren? Ein solches Verfahren wäre in der Tat oberflächlich und würde weder der Demoskopie noch der Theologie gerecht. Die beiden müssen also, wenn das Thema sinnvollerweise und nicht einer bloßen (alten oder neuen) Konvention zuliebe gestellt werden soll, sehr viel mehr miteinander zu tun haben als Wirtschaftsteil und Sonntagsbeilage einer Tageszeitung. Worauf gründet sich indes diese (zunächst vielleicht als Wunschpostulat klingende) innere Bezogenheit?

Theologie und Demoskopie in Konkurrenz?

Was Demoskopie und Theologie in unserem Fall hier an einen gemeinsamen Tisch des Gedankenaustausches ruft, dürfte auf den ersten Blick im Thema »Kirche« liegen, in welchem sich die Umfragen bewegten. Nachdem der Theologe als Fachmann für dieses Thema als solches gilt, mag es nicht ohne Interesse sein, die Auskünfte der Theologie in der Art eines synoptischen Vergleichs den Aussagen und Verhaltensweisen der demoskopisch befragten Zeitgenossen gegenüberzustellen. Es soll jedoch nicht bei einer solchen statisch-akademischen Dokumentation bleiben, sondern zu einem dynamisch-praktischen Kontakt kommen, der die Einheit bzw. Gemeinsamkeit des Themas voll ernst nimmt. Die beiden haben es nicht mit zweierlei Sorten von Kirche zu tun, sondern eben mit der konkreten Kirche (keine andere kann der Theologe meinen; nach keiner anderen kann die Demoskopie fragen). Gewiß gibt es verschiedene methodische Zugänge zu dieser Wirklichkeit; doch erscheint dies gegenüber dem grundlegenden gemeinsamen Sachbezug als sekundär; erst im Rahmen und im Hinblick auf die gemeinsame Thematik ist eine Übersetzung evtl. verschiedener Terminologien und Methoden möglich, nicht aber durch eine prinzipielle Zergliederung des Sachthemas in (dann notwendig als disparat erscheinende) »Aspekte«.

Ist damit aber nicht sofort auch ein ganzes Bündel von Gefahren verbunden? Könnte es nicht zu problematischen gegenseitigen Vereinnahmungen kommen, nachdem Demoskopie und Theologie die gleiche Sache anpeilen? Könnte dann nicht etwa ein Vertreter der Demoskopie seine Ergebnisse in Sachen Kirche ohne weiteres und mit allen Konsequenzen zur Theologie erklären? Könnte umgekehrt nicht der Theologe in die Versuchung geraten, auf eigene Faust Demoskopie treiben zu können oder dies überhaupt für überflüssig zu halten, da er ja von seinem Fach her genug über die Kirche, über den Menschen usw. wisse. Solche Vereinnahmung bzw. Ignorierung hat jedoch auch noch eine dritte Variante, die teilweise durch die erste oder zweite hervorgerufen wird (aber auch ihrerseits auf der gleichen Linie bleibt), nämlich die eines gegenseitigen Konfliktes oder Mißtrauens zwischen Demoskopie und Theologie. Jeder fürchtet vom anderen die Überfremdung seiner eigenen Anliegen und Perspektiven. So scheint es, daß man aus diesem Kreis nur herauskommen könne, wenn jeder ein klein wenig nachgibt und dafür beim anderen vielleicht sogar eine Art Beifall findet. Doch genügt das? Bedeutet ein solches gentlemen's agreement nicht vielmehr eine Verschleppung der wirklichen Fragen, ja eine Fortsetzung der genannten Tendenzen unter anderem Vorzeichen und mit anderen Mitteln? Davon kann weder theoretisch noch praktisch eine Klimaverbesserung erwartet werden, da die alten Aporien bald von neuem (und vielleicht noch verhängnisvoller) aufzubrechen drohen.

Wie aber könnte und müßte sich dann das Verhältnis von Demoskopie und Theologie positiv gestalten? Diese Frage entscheidet sich nicht erst dann, wenn die Vertreter dieser Fächer am Verhandlungstisch sitzen bzw. sich bemühen, aus demoskopischen Ergebnissen praktische Folgerungen zu ziehen. Die Entscheidung ist schon damit gefallen, wie einer sein Fach selbst betreibt. Es mag vielleicht aufgefallen sein, daß bisher nicht etwa von der Ekklesiologie (obgleich es doch um eine Befragung zum Thema »Kirche« geht!) die Rede war, sondern von der Theologie. Das will ganz wörtlich genommen sein (nicht etwa nur, insofern sich Ekklesiologie unter den Oberbegriff »Theologie« subsumieren läßt). Der Theologe hat Theologie zu treiben. Der christliche Theologe hat also vom christlichen Gott, von Gott in Jesus Christus, zu sprechen. Alles, was der Theologe sagt und was ihn überhaupt erst zu einem solchen macht, lebt vom Handeln dieses Gottes in Jesus Christus und steht im Dienste seiner (durchaus nicht nur verbalen!) Verkündigung. Da es Gott nicht um irgend etwas, sondern radikal und unüberbietbar um die konkreten Menschen geht (nicht um eine abstrakte Anthropologie oder Ideologie über den Menschen!), tut auch der Theologe etwas genuin Theologisches, wenn er die Situation des konkreten Menschen (nicht trotz, sondern wegen seiner Theologie) ernstnimmt. In letzter Konsequenz kann er das nur als (christlicher!) Theologe, nicht aber mittels einer in eine abstrakte Anthropologie umfunktionierten »Theologie«, die die Zahl der den konkreten Menschen ignorierenden oder auspressenden Ideologien nur um eine weitere vermehrt und somit keine Glaubwürdigkeit bei den konkreten Menschen finden kann. Wo immer eine Theologie in der Gefahr schwebt, sich als eine derartige Anthropologie zu verstehen oder zu gerieren, können ihr die konkreten Ergebnisse etwa der Demoskopie (einfach schon dadurch, daß es sie gibt) ein äußerst heilsames Korrektiv bieten. Wird indes diese Medizin nicht von manchen oft eben deshalb verschmäht, weil sie zu wenig (und gerade nicht, weil sie etwa zu viel) Theologe sind?

Theologie und Demoskopie meinen den konkreten Menschen

Wie steht es damit bei der Demoskopie? Inwiefern bezieht sie sich auf den konkreten Menschen? Zunächst einmal dadurch, daß sie diesen Menschen mit seinen Erfahrungen und seiner Sicht der Dinge zu Wort kommen lassen will. Die in den Interviews vorgegebenen Frageformulierungen werden im Verlauf eines Befragungsprogramms immer wieder auch daran überprüft, wie weit sie dem Angesprochenen auch wirklich die Äußerung seiner Auffassungen gestatten (und nicht etwa diese durch ungewollte Assoziationen überblenden). Das demoskopische Interview hat auch einen anderen Stellenwert als das sogenannte (psychologische) Tiefeninterview u. ä. Einerseits tritt die Rolle des Interviewers selbst zurück in ein Maximum von Anonymität (und insofern auch von Diskretion!), andererseits erhält die Stimme des einzelnen Befragten durch ihre Vergleichbarkeit mit den Antworten anderer ihren Signalwert. Diese Vergleichbarkeit gründet sich nicht auf gemeinsame Antworten (die sich dann mehr oder weniger willkürlich gruppieren und bündeln ließen), sondern auf die allen Befragten gemeinsam vorgelegte Frage. Insofern ist es sicher unberechtigt, den demoskopischen Ergebnissen vorzuwerfen, hier träte an die Stelle der Sache oder der Thematik eine zur Norm erhobene Summe von Meinungen.

Was nun die Antworten angeht, kann gleichwohl nicht davon die Rede sein, daß sich in ihnen das Thema mehr oder weniger auflöse. Es gehört ja gerade zur Kunst einer sauberen und verantwortungsbewußten Demoskopie, den Befragten durch klare Fragen zu eindeutigen Antworten zu veranlassen. Das hat nichts mit einer (gewiß unangebrachten) Rationalisierung des Interviewgeschehens zu tun, sondern bedeutet für den Befragten nicht mehr und nicht weniger als die Ermöglichung und Anregung, sich unzweideutig zu entscheiden, d. h. sich mit einer der Antwortmöglichkeiten zu identifizieren oder auf eine Antwort zu verzichten. Mit anderen Worten: Gerade weil die »Sätze« eines demoskopischen Fragebogens so knapp und präzise formuliert sind, sind die Antworten nicht bloßes Material, sondern das Resultat einer (je nach dem zur Frage stehenden Thema) den Befragten zum Nachdenken bzw. zur Entscheidung bringenden Frage. Damit ist schon gesagt, daß die Demoskopie sich nicht als die Wissenschaft verstehen kann (und darum auch nicht so verstanden werden darf), die den Menschen, die konkreten Menschen, vergäße, deren Leben bzw. Entscheidung sich in den Befragungsauskünften spiegeln. Das gilt nicht nur für den einzelnen Interviewpartner, sondern erst recht bzgl. der in einer möglichst repräsentativen Umfrage sichtbar werdenden Gesamttrends (es wäre ein Mißverständnis, den Wert des Repräsentativen mit Durchschnittlichkeit, Profillosigkeit oder gar Kompromiß gleichsetzen zu wollen!). Es liegt ja nicht an der Demoskopie, wenn sich mehrere, ja vielleicht sogar eine ganz überwiegende Zahl der Befragten für die gleiche Antwort entscheiden. Wohl aber stellt sich damit um so intensiver und fundamentaler die Frage, was oder wer denn wohl diese Menschen gerade zu dieser Antwort bewegt haben mag, d. h. die Frage nach dem ganz konkreten Lebensraum und seinen Erfahrungsfaktoren. Auch dies führt uns keineswegs von dem Menschen weg, sondern verhilft uns zu einer realistischen Sicht seines Daseins.

So sucht also die Demoskopie den Menschen, wie er wirklich ist, zu zeigen, jenen Menschen, zu dem sich der christliche Theologe nach dem Beispiel Gottes in Jesus Christus gesandt weiß. Der Theologe wird umgekehrt die Demoskopie immer wieder daran erinnern, daß gerade dieser konkrete Mensch alles Interesses und alles Einsatzes wert ist, nachdem Gott selbst sich bis zum letzten für diesen Menschen engagiert. Aus dieser Beziehung ergeben sich Zusammengehörigkeit bzw. Gesprächsmöglichkeiten von Theologie und Demoskopie. Je konsequenter diese Beziehung auch praktisch realisiert wird, desto glaubwürdiger ist die Theologie als Theologie und desto gewichtiger die

Demoskopie als Demoskopie. Dies soll im folgenden anhand der Ergebnisse der in diesem Buch behandelten Ergebnisse näher beleuchtet werden.

Was »Demokratisierung« eigentlich will

Was in verschiedenem Zusammenhang der vorliegenden Umfrage auffällt, ist eine starke Befürwortung von Demokratisierungen im Rahmen der Jugendarbeit und überhaupt des kirchlichen bzw. gemeindlichen Lebens. Was bedeutet dies? Heißt es einfach, daß eben auch in der Jugend eine Tendenz anzutreffen ist, die sich sonst in Gesellschaft, Kirche usw. findet? Oder ist der mit diesen Aussagen bzw. Wünschen der Jugend angesprochene Rahmen ganz eng zu ziehen, daß man nämlich bei den kleinen praktischen Fragen etwa in der Gruppenarbeit gerne etwas mehr mitreden möchte und sich nicht jeden Programmpunkt des kommenden Monats vom Pfarrer oder Gruppenchef vorgeben oder gar diktieren lassen möchte? Ohne hier in eine Diskussion des Problems »Demokratie in der Kirche« eintreten zu können, dürfte es methodisch wenig sinnvoll sein, solcherart »Allgemeines« ohne weiteres auf die Jugend zu übertragen bzw. ihr in den Mund zu legen, selbst dann nicht, wenn die Jugendlichen einen bestimmten »allgemeinen« Jargon in ihren Antworten durchklingen lassen. Es geht ja in solchen Umfragen nicht darum herauszufinden, welches Vokabular die Jugendlichen aus den Massenmedien und aus den Diskussionen der Erwachsenen in ihren Sprachschatz übernehmen, sondern wie die Jugendlichen selbst denken bzw. welche Vorstellungen sie mit ihren Aussagen verbinden. Der Interpret muß also auch zwischen den Zeilen zu lesen versuchen, freilich nicht so, daß er seine Vorstellungen (wenn auch ohne ungute Absicht) zwischen die Zeilen einschiebt, sondern dadurch, daß er das aus der Umfrage sprechende Gesamtanliegen der Jugendlichen zu hören versucht und für die Deutung der Detailantworten heranzieht.

Überblickt man das Gesamtbild, das die Jugend in der Umfrage von ihrem Denken und Wollen zeichnete, so verbirgt sich in den »demokratisierenden« Antworten etwas viel Grundsätzlicheres als ein paar Spielregeln für einen besseren praktischen Arbeits- oder Umgangsstil in der Jugendgruppe oder in der Gemeinde (so wenig das ausgeschlossen werden dürfte). Ja, es geht wohl im letzten gar nicht um so oder anders gestaltete Autoritätsausübung (in diesem Rahmen und seinen Gesetzmäßigkeiten bewegen sich die deshalb oft recht autoritären Plädoyers zugunsten der — »Demokratisierung«!), sondern um die Findung der eigenen Identität. Diese Identität ist nicht mißzuverstehen als Subjektivismus oder Egoismus, sondern als die notvoll gesuchte Solidarität (bzw. Kommunikation) der eigenen Erfahrungen mit denen der anderen. Wo diese Solidarität (um der Sache bzw. der Erfahrung selbst willen, nicht einer bloßen Selbstbestätigung zuliebe!) in Sicht kommt bzw. in konkrete Reichweite zu rücken scheint, dort ist dann meist von »Demokratie« und dgl. die Rede. Man hätte aber das Anliegen selbst gründlich mißverstanden und würde vor allem bei den Jugendlichen Frustrationen hervorrufen, wollte man eine derartige »Demokratie« einfach auf der Ebene von Autoritätsausübung ansetzen (auch wenn diese noch so »demokratisch« sein sollte).

Von der Identifikationskrise zum Identitätsvollzug

Die Frage der Jugend sitzt tiefer (vgl. die Klage über eine »repressive Demokratie«!). Mit Statuten- oder Verfassungsänderungen wäre gar nichts gewonnen, wenn nicht die Suche der Jugend nach Identität in Kommunikation selbst ernstgenommen, d. h. wenn nicht die Vertrauensbasis gegeben bzw. wieder erreicht würde, in der jenes möglich ist. So ist z. B. das Grundproblem der heutigen Jugendarbeit (wie des Gemeindelebens überhaupt!) nicht primär der (wenngleich unbestreitbare) Nachholbedarf an Struktur- und Organisationsreformen; was lähmend und frustrierend wirkt (auf Veranstalter und Teilnehmer!), ist vielmehr ein weit verbreitetes Mißtrauen aller gegen alle. Dieses kann durch ein Überangebot an Organisatorischem sogar eher verstärkt als aufgefangen werden. Es gab ja wohl noch nie so viele »Handreichungen« wie heute, aber wohl auch noch nie so wenig dem Bruder wirklich in Vertrauen gereichten Hände. Hier liegt m. E. auch die Wurzel für das Mißbehagen vieler Jugendlicher an den »sittlichen Weisungen der Kirche«. Doch ist es wirklich die Botschaft Jesu Christi, ist es das Leben in seinem Geiste, was hier zurückgewiesen wird bzw. abgelehnt werden soll? Etwa, weil diese Botschaft Forderungen stellt und keinen Konformismus mit dem, was »hinter uns liegt«, duldet?

Es gibt zahlreiche Beispiele dafür, daß die Jugendlichen Forderungen dieser Art mit allen Konsequenzen ernstzunehmen und kompromißlos zu verwirklichen bereit sind. Doch gerade das vermögen offensichtlich viele Jugendliche in der Art, wie ihnen die Weisungen der Kirche übermittelt werden, nicht zu erkennen; diese Übermittlung klingt oft allzusehr nach kantianischer Pflichtethik oder nach (heute sogar sozialpsychologisch untermauerter bzw. ideologisierter) »Gruppennorm«. Beiden Arten von Konvention bzw. Diktat steht die Jugend skeptisch gegenüber, und das — christlich gesehen — durchaus mit

Recht. Was hier von seiten der Kirche zu tun wäre? Zunächst sollten wir klar zu erkennen geben, daß dies oder das nicht deshalb gut ist, weil wir es verkünden, sondern daß wir es deshalb verkünden, weil es gut ist. Gut aber ist es insofern, als es Inhalt bzw. Konsequenz der Botschaft und des Beispiels Jesu Christi selbst ist, der sich nicht scheut, uns seine Brüder sein zu lassen. Wir werden es dann und nur dann der Jugend ermöglichen, darin ihre Identität zu entdecken, wenn wir ihr zu zeigen vermögen, wie sehr Jesus Christus sich mit ihr identifiziert.

Je deutlicher und bewußter die Kirche nicht primär an sich selbst Maß nimmt, sondern an Jesus Christus, ihrem Haupte, desto glaubwürdiger ist sie in ihrer Verkündigung und zu einer desto intensiveren Identifikation vermag sie die Menschen, also auch etwa gerade die Jugend, einzuladen. Weil die Menschen in Christus geeint sind und um diese Einheit wissen, deshalb sind sie Kirche und können sie sich als Kirche wissen. In diesem Sinne ist die Frage der Identifikation eines Menschen mit dem, was Kirche meint, grundlegend für das »Image«, das die Kirche bei den Zeitgenossen hat. Wir verwenden hier das Wort »Image« im gefülltesten Sinn, nämlich als das Zeichen dafür, wieweit eine Identifikation zwischen dem Menschen und der Wirklichkeit — in unserem Fall: der Kirche — möglich erscheint. So muß zuerst gefragt werden, was die Kirche zu einer solchen identifikablen Wirklichkeit, zu einem solchen Lebensraum macht, in welchem sich die Menschen bewegen zu können erwarten dürfen. Dieses Bild von Kirche ist Christus selbst, er ist das Bild, in den die Gläubigen immer mehr hineinwachsen können und sollen.

Dienst an den Menschen

Damit ist aber auch dem praktischen Vollzug von Kirche ein Maßstab gesetzt, der die einzelnen Aktivitäten (und damit das »Image«, das sich von hierher auf die Kirche als ganze überträgt) kritisch hinterfragt, aber auch positiv jene Kraft (nicht: Macht) schenkt, durch die Christus auch die Menschen unserer Gegenwart erreichen will. Das erstaunliche Ergebnis vieler Umfragen usw. ist es, daß zahlreiche Zeitgenossen (auch sog. »Fernstehende«) ziemlich genau wissen oder wenigstens ahnen, was das der Kirche durch Christus mitgegebene bzw. zur Aufgabe gemachte »Image« und Modell gerade heute besagt und weithin den (wenn auch nicht in theologischer Terminologie formulierten) Erwartungen der Menschen und insbesondere der Jugend entspricht: Dienst an den großen Lebensfragen der Menschen, Solidarität mit den Alten und Kranken, Hilfe zur Überwindung des Todes u. ä. Diese Fragen können realistischerweise nur durch Jesus Christus beantwortet werden, bzw. durch die Kirche, die sich in den Dienst Jesu Christi stellt.

In der Erfüllung dieser Aufgaben ergibt sich dann aber auch jene innerkirchliche Solidarität bzw. jene Identifikationsmöglichkeit mit der Kirche, die bei einer bloßen Sicht der Kirche als Verein oder Organisation undenkbar wären. Wenn wir anfangen zu sehen, was Christus uns damit zutraut, werden wir auch anfangen, uns gegenseitig etwas zuzutrauen bzw. aneinander zu »glauben«. Insofern ist Kirche immer »Personalgemeinde«; und je weniger sie nach außen hin dieses Image hat, desto deutlicher und bewußter muß sie es praktisch sein. Nur dadurch kann und wird sich dann auch das Image verbessern, nicht umgekehrt. Die Strukturen müssen selbst personal sein oder werden; das aber wäre durch eine sich neben die Strukturen stellende Personalgemeinde (sowohl in der Praxis wie in deren Image!) verhindert, d. h. man würde nicht nur das Image zementieren, sondern sogar auf dessen Verbesserung strukturell-grundsätzlich verzichten. Dazu kommt, daß die in der Umfrage über die Situation der Jugend zutage tretenden Probleme im Grunde gar nicht jugendspezifische Probleme sind, sondern Fragen des Selbstverständnisses und des Selbstvollzuges der ganzen Kirche ansprechen. So hat auch nicht *nur* die Jugend die Konsequenzen daraus zu ziehen, sondern alle, die den Namen »Christen« tragen. Diese Aufgabe nur als Programm für die Jugend zu sehen, hieße also den Adressaten oder mindestens einen Teil der Adressaten zu verfehlen, zu ignorieren. Umgekehrt hätte die Jugend gerade die Aufgabe, auch die anderen in das Positive, was ggf. bei ihr geschieht, einzubeziehen; auch das aber wäre bei einer Isolierung der Jugend als einer Personalgemeinde im obigen Sinne unmöglich. Im übrigen kann jeder, der sich um eine Verbesserung des Image der Kirche bemüht, an Glaubwürdigkeit nur gewinnen, wenn er die Schatten in dem derzeitigen Image nicht wegdiskutiert oder wegorganisiert und auch nicht sie immer nur den Mitchristen zuschreibt, sondern indem er *auch dazu* steht und *trotzdem* an die Aufgabe der Kirche als seine höchstpersönliche Aufgabe glaubt.

Jugendarbeit ist Gemeindearbeit

Durch all das Gesagte ist auch wohl schon deutlich geworden, daß Jugendarbeit nicht ein Spezialunternehmen darstellen kann, sondern daß — analog zur Betroffenheit der Jugend durch die gesamtkirchliche Situation — auch die Jugendarbeit nur innerhalb eines Gesamtkonzeptes von Gemeindearbeit sinnvollerweise wird geschehen können. Das mag zunächst als eine Grenze wirken, an die die Jugendarbeit stößt; in Wirklichkeit bildet es die große Chance heutiger Jugendarbeit, zumal auf dem Hintergrund unserer gegenwärtigen »offenen Gesellschaft«. Wenn nicht alles trügt, ist die Jugend heute weniger denn je davon begeistert, als »jugendlich« oder gar »minderjährig« abgestempelt zu werden und im Rahmen der Jugendarbeit so etwas wie eine »Standeslehre für Jünglinge und Jungfrauen« geboten zu bekommen. Vielmehr weiß sich die Jugend schon in sehr frühem Alter für jedes und alles in der überschaubaren Welt interessiert und mitverantwortlich. Warum sollte also in der Gemeinde plötzlich die Jugend anders sein und anders behandelt werden wollen, nämlich als Club, der nur um sich selber kreist? Das ist mehr als unwahrscheinlich. Wir können hier im Rahmen dieser Ausführungen kein umfassendes Konzept der erwähnten Gemeindearbeit darlegen, sondern nur einige Punkte daraus nennen, die für die Jugendarbeit besonders relevant erscheinen: Dem Interesse der Jugend am Gesamt der Gemeinde sollte das ebenso praktische Interesse der Gemeinde an der Jugend entsprechen. Das heißt nicht, daß jedes Gemeindemitglied Jugendarbeit etwa im Stil des bisherigen Gruppenführers oder Jugendkaplans starten sollte. Wohl aber müßte sich jeder in der Gemeinde über die dienende (im christlichen Sinn des Wortes) Mitverantwortung an der Jugend je auf seine Weise klar sein. Nur so läßt sich der Jugend gegenüber das nicht bis ins letzte organisierbare Angebot der erwarteten praktischen Lebenshilfe seitens der Gemeinde bereitstellen und realisieren. Der Geistliche wäre damit nicht nur überhaupt überfordert; seine Aufgabe liegt vielmehr auch eher darin, die entsprechenden Initiativen zu mobilisieren und die Kontakte auf Gemeindeebene herzustellen. Damit kommt ihm — gleichsam zwischen den Zeilen — die Aufgabe zu, das, was praktisch geschieht, als Erfüllung (oder Nichterfüllung!) des Evangeliums zu interpretieren. Die Verkündigung des Evangeliums und die Feier der Eucharistie stehen dann nicht neben dem Alltag der Gemeinde, sondern bilden ohne falsche Verwischung eine glaubwürdige Einheit.

Konsequenzen für die Praxis

Jugendarbeit ist also Gemeindearbeit, und die Gemeinde als ganze ist mit der Jugendarbeit beauftragt. Gibt es indes nicht doch für die Jugendarbeit notwendige Voraussetzungen auf seiten des Verantwortlichen, die nicht einfach mit der grundlegenden Verantwortung für die Jugend identisch sind, sondern eher fachlich-pädagogische Kenntnisse notwendig machen? Verlangt nicht etwa die Jugendseelsorge von dem dafür eingesetzten Geistlichen auch eine entsprechende pädagogische Fachausbildung? Das erscheint plausibel, wenn dieser Geistliche als solcher pädagogische Aufgaben wahrnimmt. Aber es ist sehr die Frage, ob das normalerweise Sache etwa des Gemeindepfarrers sein sollte. Daß es heute noch für gewöhnlich so ist, spricht nicht gegen die Berechtigung der gestellten Gegenfrage. Es müßte im Bereich der gemeindlichen Jugendarbeit sicher einen pädagogischen Fachmann geben (Analoges gilt für viele andere Aktionsfelder der Gemeinde); und der Pfarrer sollte so viel davon verstehen, daß er auf die von diesem Fachmann geäußerten Anliegen oder Projekte verständnisvoll einzugehen bzw. sich mit ihnen auseinanderzusetzen vermag. Aber der Pfarrer sollte sich nicht als Fachpädagoge in eigener Person etablieren (sonst müßte er übrigens mindestens zehnerlei Fachleute gleichzeitig in sich verkörpern, und wir hätten wieder den bekannten »Allround-Pfarrer«). Damit stellt sich allerdings für viele die grundsätzlichere Frage: Warum dann überhaupt eine speziell *kirchliche* Jugendarbeit? Worin besteht deren Zielvorstellung? Könnte man dann die Pädagogik usw. nicht überhaupt den sonstigen gesellschaftlichen, staatlichen u. ä. Instanzen und Institutionen überlassen?

An diesem Argument müßte zunächst einmal die Meinung korrigiert werden, daß alles, was »kirchlich« zu nennen ist, nur vom Pfarrer allein getan werden könnte. Es muß aber auch davor gewarnt werden, die Jugendarbeit in das Funktionieren einiger pädagogischer Techniken aufzulösen. Selbst wenn das von der Sache her möglich wäre (doch dürfte diese Auffassung in der Pädagogik selbst heute überwunden bzw. zum Scheitern verurteilt sein), spätestens die Jugendlichen würden gegen eine solche Funktionalisierung ihrer Intentionen protestieren (wie es denn ja auch in manchen Schulen sehr konkret geschehen ist!). In dieser Richtung kann die Zielvorstellung kirchlicher Jugendarbeit nicht liegen, und zwar nicht nur deshalb, weil sie sich selbst überflüssig machen würde, sondern weil die Jugend mehr ist und mit vollem Recht mehr sein will als das Objekt pädagogischer Funktionen und Funktionäre. Man spürt dieses Mehr an Nachfrage bzw. das Weniger an Angebot heute allerorts. Mit den alten Rezepten liberaler Wohlanständigkeit oder jugendbewegter Stimmungsmache ist das Vakuum allerdings nicht auszufüllen. Wenn die kirchliche Jugendarbeit nicht partout am Fiasko dieser Rezepte partizipieren will, wird sie sich bewußt auf ihre genuin christliche Motivation und Zielsetzung besinnen müssen. Davon war bereits oben die Rede: was von der Kirche überhaupt gilt, gilt entsprechend auch von ihrer Jugendarbeit. Wenn die Kirche

Jugendarbeit treibt, dann nicht so wie ein Interessenverband, der sich um seine Nachwuchskräfte kümmert, sondern im Ernstnehmen des konkreten Menschen, für den sich Gott selbst (nicht erst die Kirche oder der Pfarrer) engagiert.

Daß nun die Kirche sich zur Fortführung dieses Engagements berufen sehen muß (nicht nur durch ihre Wort-, sondern durch ihre Tatverkündigung), bedeutet nicht nur einen ganz praktischen Auftrag, der Not der Menschen in allem Realismus zu Leibe zu rücken (auch dort noch und gerade dort, wo alle kurzatmigen Humanismen versagen), sondern auch die Möglichkeit, die Menschen zu eben dem genannten Engagement zu bewegen. Diese Menschen sind dann nicht nur Adressat des kirchlichen Handelns, sondern auch dessen Mit-Subjekte. Identifikation mit der Kirche heißt nicht Sympathie mit dem, was die Kirche, d. h. die anderen, tun, sondern gründet sich auf die Erfahrung, an dem, was die Kirche tut, mitzuwirken. Ein Jugendlicher insbesondere wird erst dann die Kirche als seine eigene realisieren, wenn er mittut, nicht dadurch daß man von ihm ein bißchen Respekt vor den — ach so eindrucksvollen! — Aktivitäten anderer »erwartet«. Das hat nichts mit irgendeiner ekklesiologischen Beschäftigungstherapie zu tun, sondern meint im Grunde das biblische »Tun der Wahrheit«. Nur wer sich um andere sorgt, kann auch für sich selbst sorgen. Dieser Grundzug kirchlicher Jugendarbeit ist heute zu deren großem Schaden stark in den Hintergrund getreten; und dieser negative Trend ging weithin Hand in Hand mit einer dilettantisch-snobistischen Verpädagogisierung der Jugendarbeit. Die Folge ist die unverkennbare Langweiligkeit (mit dem entsprechenden Leerlauf) zahlreicher »Veranstaltungen«. In Wirklichkeit führt auch gerade in der Jugendarbeit der Weg über das Du zum Ich; für das eigene Leben gewinnt das Relevanz, was man dem Jugendlichen an Aktion zugunsten seines Mitmenschen zutraut. Wenn er sieht, wie er (bzw. in seiner Person die Kirche) dem Mitmenschen helfen und den Sinn seines Lebens erschließen kann, dann ist eben dadurch auch ihm selbst geholfen und Sinn erschlossen. Damit ist nicht gesagt, daß der Mensch sich — nach Münchhausens Methode — diesen Sinn selbst *schafft* (damit wäre der Mensch so allein und isoliert wie zuvor!), sondern daß er diesen Sinn als ihm gegeben *erfährt*, indem er ihn in der Begegnung und im Apostolat aktiv verwirklicht. In diesem Zusammenhang ist es wohl auch zu sehen, wenn gerade die Aktionsbereitschaft Jugendlicher gegenüber alten und kranken Menschen ständig im Wachsen begriffen ist. Genau das sind die Fragen — Tod, Hinfälligkeit, Zukunft, Vollendung des Menschen —, die den Jugendlichen bewußt oder unbewußt bewegen (man denke z. B. auch an bestimmte Schlagertexte usw.). Das alles gilt freilich nicht nur punktuell bzgl. der Sorge um einen einzelnen alten oder kranken Zeitgenossen; hier tritt vielmehr die ebenso umfassende wie akute Situation unserer Gegenwart in Erscheinung, die sich als Aufgabe kurz durch das Stichwort »Bewältigung der Freizeit« charakterisieren läßt.

Die Freizeit bewältigen

Was ist damit gemeint? Handelt es sich dabei nicht um ein sehr peripheres, jedenfalls durch einige Geschäftstricks lösbares, Problem? In Wirklichkeit geht es in dem Phänomen »Freizeit« um das heute besonders brennend gewordene Grundproblem, wie sich der Mensch zu seiner und seiner Mitmenschen »Zeit« einstellt. Erfährt er diese als Chance oder als Last, als Freiheit oder als Langeweile? Daß all diese Fragen auch die Jugend in starkem, ja bedrängendem Ausmaß beschäftigen, dürfte aus den Antworten der Umfragen und aus vielen anderen Quellen zum Selbstverständnis unserer Gegenwart sehr deutlich hervorgehen. Ja, man kann sagen, daß sich auf der Ebene der »Freizeit« so etwas wie die geistige Physiognomie unserer Epoche abzeichnet. Von einigen wichtigen Ansätzen abgesehen, kann von einer theologischen Kenntnisnahme dieser Situation (die im letzten gerade eine theologische Anfrage und Herausforderung darstellt!) noch nicht die Rede sein. Immerhin dürfte für die praktische Arbeit der Kirche so viel klar sein, daß sich diese nicht mehr so sehr an der Welt des Berufslebens, sondern am Modell der Freizeit-Gesellschaft und den dort sich stellenden Fragen orientieren sollte (man denke hier auch an einige recht überraschende Dimensionen, die sich in den letzten Jahren im Kontext der Touristen-Seelsorge aufgetan haben!). Das alles kann für die Jugend und ihre Welt (und folglich auch für die Gestalt und den Ort der Jugendarbeit) nicht gleichgültig sein. Auch theologisch besteht kein Grund, diese neue Situation zu bedauern oder zu beklagen. Vielmehr mag sie uns Anlaß sein, gerade etwa die Rolle des Sonntags (des Tages der Auferstehung des Herrn) für das Zeit- und Freizeit-Verständnis der Menschen neu zu bedenken (mit dem Kirchenrecht oder mit einem staatlichen Sonntagsschutz ist es ja noch lange nicht getan!). Gewiß enthalten diese Hinweise keine gebrauchsfertigen Rezepte. Es ist indes gerade die Frage, ob nicht durch die geschilderte Freizeit-Situation auch die Ära der Rezepte ihrem wohlverdienten Ende entgegengeht. Was jetzt nötig ist, ist jene konstruktive Phantasie, die aus der Mitte des Glaubens heraus die allen Menschen gemeinsame Zeit als die gerade uns eröffnete Frei-Zeit des Füreinander-Daseins erkennt, wie sie in der Auferstehung Christi begann. Eine Gemeinde- und Jugendarbeit, die sich auf diesen Weg begibt, braucht weder um ihre christliche Identität zu bangen noch wird sie sich über mangelnde Nachfrage und Identifikationsbereitschaft der Zeitgenossen zu beklagen haben.

Hans-Heinz Riepe Thesen zur kirchlichen
Jugendarbeit heute

1. Der Glaube kann nicht anerzogen werden. Was kirchliche Jugendarbeit an Glaubensüberzeugung für den einzelnen erbringt, ist nicht plan- und meßbar im Sinne etwa eines Lernzieles oder einer Erfolgskontrolle.

2. Der legitime Platz auch für Suchende und Zweifelnde, für Kritiker und Widersprechende sollte innerhalb der Kirche und der kirchlichen Jugendarbeit sein und nicht außerhalb.

3. Die Chance kirchlicher Jugendarbeit heute ist es, einen gesellig-schöpferischen Erfahrungsraum zu ermöglichen, in dem Jugendlichen an der Botschaft Christi orientierte Hilfen für ihre individuelle und soziale Identitätsfindung angeboten werden.

4. Die Annahme dieses in Freiheit gemachten Angebotes wird sehr davon abhängen, ob der Jugendliche die dabei erfolgende Begegnung mit der Glaubenstradition als befreiendes Element in seinem Leben erfahren kann und ob sich ein praktischer »Nutzen« für seine persönliche Lebensführung erkennen läßt.

5. Methodisch steht in der kirchlichen Jugendarbeit nicht die intellektuelle Vermittlung theologischer Aussagen im Vordergrund (Gefahr der Antworten auf Fragen, die gar nicht gestellt werden), sondern gemeinsames Erleben, gesellschaftbezogenes Handeln und gemeinsame Reflexion.

6. Hier ist der erwachsene Mitarbeiter als Gesprächspartner unverzichtbar gefordert. Seine in die Reflexion einfließenden Erfahrungen eines versuchten Lebens aus dem Glauben können für die Jugendlichen entscheidende Hilfen in der Findung von Normen und Wertvorstellungen sein.

Strukturelle Forderungen, die sich aus dem Gesagten ergeben:

1. Kirchliche Jugendarbeit ist in der Hauptsache Arbeiten mit Gruppen und in Gruppen — group-work im Zusammenspiel von Groß- und Kleingruppen. (»Offene Arbeit« ist mehr eine Frage der Intention und weniger eine Frage der Methodik.)

2. Wichtige Akzente dieser Gruppenarbeit sind bewußte Selbsttätigkeit der Mitglieder (gegen das selbstverschuldete Patient-Sein [Pfaff] und die bloße Konsumentenhaltung) und eine demokratische Verantwortungsstruktur.

3. Die Leitungsform sollte das Team (mit klarer Funktionsumschreibung der Teammitglieder) sein, nicht der Einzelführer. Das Leitungsteam steht als eigene Gruppe in Interaktionen mit den anderen Gruppen.

4. In den Leitungsteams sollten Jugendliche und Erwachsene zusammen arbeiten.

5. Leitungsstil kann weder der autoritäre noch der Laissez-faire-Stil sein. Anzustreben ist ein partnerschaftlicher Leitungsstil mit ausgewogenen Rechten und Pflichten zwischen Leitung und Gruppenmitgliedern. Bedürfnisse und Wertvorstellungen von Mitgliedern *und* Leitung werden in den Gruppenprozeß eingebracht.

6. Entscheidend hängt die Verwirklichung dieser Konzeption ab von der Gewinnung ehrenamtlicher erwachsener Mitarbeiter, die als bewußte Christen ein Leben aus dem Glauben zu realisieren versuchen und bereit und fähig sind, ihre Erfahrungen in eine *partnerschaftliche* Zusammenarbeit mit Jugendlichen einzubringen. (Ist der erwachsene Mitarbeiter zu einer partnerschaftlichen Zusammenarbeit nicht in der Lage, wird er von den Jugendlichen abgelehnt.)

7. Den ehrenamtlichen Mitarbeitern muß eine genügend große Anzahl von ausgebildeten hauptamtlichen Praxisberatern zur Seite stehen (Sozialpädagogen, Sozialarbeiter usw.).

8. Die Qualifikation von haupt- und ehrenamtlichen Mitarbeitern muß laufend verbessert werden. Aus- und Weiterbildung der Mitarbeiter ist deshalb eine Hauptaufgabe kirchlicher Jugendarbeit heute. Zur Qualifizierung der Arbeit gehört auch die spezialisierte Ausbildung von Geistlichen für die Jugendarbeit. Regional tätige Jugendseelsorger (etwa auf der Ebene der zukünftigen Großdekanate) müßten neben der theologischen Ausbildung auch eine Ausbildung als Jugendleiter haben.

Zur Information

In den sich ständig verändernden Strukturen werden die Menschen auf traditionellen Verkündigungswegen kaum mehr erreicht und die Zahl der gleichgültig oder enttäuscht Fernstehenden wächst erschreckend.

Die 1966 in Frankfurt/M. gegründete »Gesellschaft für christliche Öffentlichkeitsarbeit (GCÖ) e.V.« hat es sich zur Aufgabe gemacht, durch pastorale Öffentlichkeitsarbeit neue Wege zum Menschen und zu den verschiedenen Gruppen zu suchen:

— durch *Situationsanalysen*, in denen die Sorgen, Nöte und Probleme der Menschen entdeckt, und Dienste, durch die sie erreichbar sind, festgestellt werden;

— durch *Kommunikationsanalysen* im internen kirchlichen Raum;

— durch *pastorale Konzeptionen und Strukturpläne*, die das wissenschaftliche Basismaterial — erarbeitet in Zusammenarbeit mit dem Institut für Kommunikationsforschung (IFK) — in die praktische Konsequenz übersetzen;

— durch *phasengerechte Arbeit* in den untersuchten Räumen zur Verbesserung der Information, Kommunikation und der Dienste.

(Anschrift: GCÖ, 8702 Würzburg-Lengfeld, Mozartstraße 18, Telefon 0931/23491)

Die Autoren

Dr. phil. Josef Scharrer (Jahrgang 1932) ist Leiter der Gesellschaft für christliche Öffentlichkeitsarbeit, Direktor im Institut für Kommunikationsforschung Würzburg-Lengfeld und Mitglied der Deutschen Public Relations Gesellschaft. Er war beim Bayer. Rundfunk und im Institut für Kultur- und Sozialforschung tätig. Seit Gründung der beiden erstgenannten Institute (1966) hat Josef Scharrer eine Reihe wissenschaftlicher Untersuchungen und Modellfälle für beide Kirchen durchgeführt. Er widmet sich insbesondere auch der praktischen Nacharbeit in den Untersuchungsräumen, d. h. der Durchführung der mit einem Fachteam erarbeiteten Pastorationspläne. Von Josef Scharrer stammen u. a. folgende Publikationen: »Gedanken zum Konzilsdekret über die publizistischen Mittel« (Verlag Kaltenmeier), »Public Relations und Seelsorge« in Rahner/Häring: »Wort in Welt« (Verlag Kaffke, Bergen-Enkheim), »Kontakte oder Konflikte« — Seelsorge vor der Entscheidung (Verlag Kaffke), »Kirche — noch glaubwürdig?« und »Kirche - Macht - Meinung« — Schriftenreihe zur kirchlichen Öffentlichkeitsarbeit (GCÖ).

Bruno Kalusche (Jahrgang 1922), ist Direktor des Instituts für Kommunikationsforschung (IFK) in Wuppertal, Mitglied der Deutschen Public-Relations-Gesellschaft (DPRG) und des centre européen des relations publiques (CERP).
Im Institut hat er seit 1966 über 50 wissenschaftliche Primärerhebungen zur Ermittlung der öffentlichen Meinungen über gesellschaftliche Institutionen und Kommuni-

kationsanalysen für Gemeinwesen verschiedenster Strukturbereiche konzipiert und ihre Ergebnisse interpretiert.
Er ist u. a. Autor der folgenden Veröffentlichungen: »Diakonie heute« — Studie zum Image der Diakonie in der BRD (Ev. Presseverband, Düsseldorf), »Kirche wohin?« — Beitrag zur Situationsanalyse der Institution Kirche (Verlag Gerh. Kaffke, Frankfurt), »Aktion Gemeinde heute« — Einführung in Forschungsergebnisse (Jugenddienst-Verlag, Wuppertal), »Die Öffentlichkeitsarbeit des Krankenhauses« — Ein Leitfaden für praktische PR (Studienstiftung deutscher Krankenanstalten, Detmold), »Public Relations und Gesellschaftspolitik« (Verlag Rommerskirchen, Oberwinter).

Dr. Wolfdieter Theurer C.Ss.R. (Jahrgang 1939) ist seit 1967 ord. Professor für Dogmatik an der Phil.-theol. Hochschule in Gars am Inn und seit 1965 Schriftleiter der Reihe »Theologische Brennpunkte«, seit 1967 Redaktionsmitglied der Zeitschrift »Theologie der Gegenwart«. Veröffentlichungen: »Die trinitarische Basis des Ökumenischen Rates der Kirchen« (Mit einem Geleitwort von W. A. Visser't Hooft), Bergen-Enkheim 1967; »Das Programm Gott« (Verlag Kaffke), Redaktion von: K. Rahner und B. Häring: »Wort in Welt« (Festgabe für Viktor Schurr), (Verlag Kaffke), sowie zahlreiche Zeitschriftenartikel.

Hans-Heinz Riepe (Jahrgang 1933) ist seit 1969 Diözesanjugendpfarrer und Diözesanpräses des BDKJ in der Erzdiözese Paderborn. Im Rahmen eines Teams ist er mit der Reorganisation der Jugendarbeit in der Diözese und der Erarbeitung von Modellen befaßt. Er war vorher im Gemeindedienst und in der Berufsschule im Ruhrgebiet tätig.

Junge Christen kontra Kirche

Jugend in der Glaubensentscheidung

Von Barthold Strätling und Helga Strätling-Tölle
Ca. 100 Seiten, ca. DM 8,50
»taschenbücher für wache christen« Band 26

Die Bereitschaft der Jugend zur sachlichen Auseinandersetzung und zum kritisch-positiven Engagement ist groß und sollte von der Kirche und von den Eltern wie von allen „Erziehungsberechtigten" erkannt und akzeptiert werden. Dazu freilich ist auch die Bereitschaft zu einem vertrauensvollen und selbstkritischen Gespräch mit den jungen Menschen notwendig, die ungeschminkte Auseinandersetzung mit ihren Vorwürfen und Meinungen. Dieses Buch bietet nicht nur Anregungen, sondern auch konkrete Hilfen.

Teamwork in der Gemeinde

Arbeitshilfen

Herausgegeben von Wolfgang Schöpping. Mit Beiträgen bekannter Fachleute und Praktiker, Seelsorger und Laien
96 Seiten, Paperback, ca. DM 9,50
Reihe OFFENE GEMEINDE Band 15

In jüngster Zeit, insbesondere nach dem Ökumenischen Pfingsttreffen in Augsburg, hat die Gemeinde neue Bedeutung für die Verwirklichung von Glaube und Kirche erhalten. Arbeitshilfen für die heutige Gemeindearbeit als Teamwork bietet dieses Buch, das mit zahlreichen Beiträgen bekannter Fachleute und Praktiker, Seelsorger und Laien Erfahrungen aus der Praxis wiedergibt, mit einer Fülle von Überlegungen, Anregungen und Modellen für eine fruchtbare, sachliche Zusammenarbeit — auch mit der Jugend — in der Gemeinde.

LAHN-VERLAG · 625 LIMBURG